La Maestría de la Vida

DON MIGUEL RUIZ JR.

La Maestría
de la Vida

El camino tolteca hacia la libertad personal

URANO

Argentina – Chile – Colombia – España
Estados Unidos – México – Perú – Uruguay

Título original: *The Mastery of life — A Toltec Guide to Personal Freedom*
Editor original: Hierophant Publishing, San Antonio, Texas
Traducción: Mercè Diago Esteva

1.ª edición Enero 2023

Copyright © 2021 by don Miguel Ruiz Jr.
This edition is published by arrangement with Hierophant Publishing through Yañez, part of International Editors' Co.
All Rights Reserved
© 2023 de la traducción *by* Mercè Diago Esteva
© 2023 *by* Ediciones Urano, S.A.U.
Plaza de los Reyes Magos, 8, piso 1.º C y D – 28007 Madrid
www.edicionesurano.com

ISBN: 978-84-17694-89-0
E-ISBN: 978-84-19413-28-4
Depósito legal: B-20.489-2022

Fotocomposición: Ediciones Urano, S.A.U.

Impreso por: Rodesa, S.A. – Polígono Industrial San Miguel
Parcelas E7-E8 – 31132 Villatuerta (Navarra)

Impreso en España — *Printed in Spain*

Para todos mis seres queridos.

Índice

Glosario de palabras clave 15

Introducción: El camino tolteca. 17

1. El arte de la vida. 29
2. La plaza de Quetzalcóatl 55
3. La Isla de la Seguridad 75
4. La Plaza de la Mente 93
5. La Plaza del Agua. 121
6. La Plaza del Aire. 147
7. La Plaza del Fuego 167
8. La Plaza de la Tierra. 191
9. La Pirámide de la Luna. 215
10. La Pirámide del Sol. 233

Conclusión: El final del trayecto 249

Agradecimientos. 253

Información sobre el autor. 255

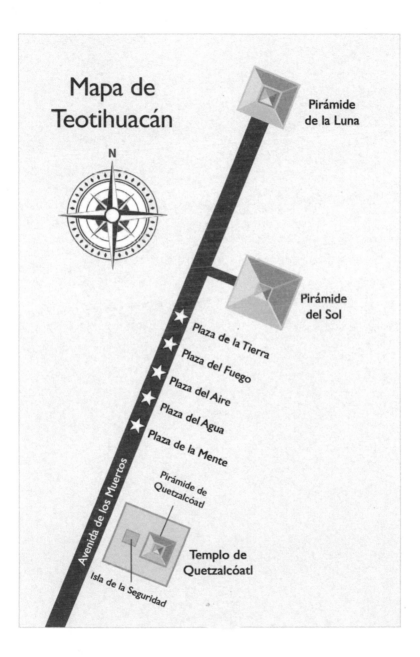

Mapa de Teotihuacán

N

Pirámide de la Luna

Pirámide del Sol

Plaza de la Tierra

Plaza del Fuego

Plaza del Aire

Plaza del Agua

Plaza de la Mente

Pirámide de Quetzalcóatl

Templo de Quetzalcóatl

Avenida de los Muertos

Isla de la Seguridad

Representación artística de Quetzalcóatl, la legendaria serpiente emplumada de Mesoamérica que da nombre al templo y a la pirámide de Quetzalcóatl en Teotihuacán.

Glosario de palabras clave

Acuerdos: Proceso según el que las ideas de nuestra mente se transforman en creencias y, por consiguiente, influyen en nuestros actos.

Concienciación: La práctica de prestar atención en el presente a lo que ocurre en nuestro organismo y en nuestra mente, así como en el entorno más inmediato.

Domesticación: Sistema primario de control en el Sueño del Planeta. Desde nuestra tierna infancia recibimos una recompensa o un castigo por adoptar las creencias y comportamientos que otros consideran aceptables. Cuando lo hacemos como consecuencia de recompensas o castigo, nos domestican.

Sueño del Planeta: La combinación de los sueños personales de todos los seres del mundo, o del mundo en que vivimos.

Mitote: Las voces negativas de nuestra mente que nos hablan a lo largo del día. A menudo, estas voces nos fueron inculcadas durante nuestros años de formación como consecuencia de la domesticación.

Nagual: La divinidad de nuestro interior, la fuerza que otorga vida a nuestra mente y nuestro cuerpo. Se asemeja al concepto de espíritu o alma presente en muchas tradiciones religiosas, si bien no es exactamente lo mismo.

Sueño personal: La realidad específica que crea cada individuo; la perspectiva personal de cada uno. Es la manifestación de la relación entre la mente y el cuerpo.

Pueblo tolteca: Comunidad de nativos americanos que confluyeron en el sur y centro de México para estudiar la percepción. La palabra «tolteca» significa «artista».

Guerrero tolteca: Aquel que se compromete a emplear las enseñanzas de la tradición tolteca para ganar la batalla interior contra la domesticación y el apego.

Introducción

El camino tolteca

Las palabras son herramientas poderosas.

En la tradición tolteca a la que pertenezco, decimos que las palabras son los pinceles con los que pintamos las obras maestras de nuestra vida. Las palabras pueden cambiar perspectivas o esclarecerlas y revelar oportunidades. Sin embargo, también se emplean para propagar la ira, el miedo o el odio. Así pues, las palabras que escogemos tienen la capacidad de elevarnos o derribarnos.

Asimismo, las palabras son las herramientas primarias que empleamos para comunicarnos entre nosotros y construir casi todo lo que conforma nuestra existencia. Visto así, no es de extrañar que la primera frase del Evangelio según san Juan sea: «En el principio era la palabra».

Nuestras palabras se producen primero como pensamientos, luego como símbolos con significados que nos permiten comunicarnos y pensar utilizando el intelecto: construyendo argumentos, creando historias complejas y, por supuesto, «llegando a acuerdos». La mente humana es experta en llegar a acuerdos.

En la tradición tolteca, los acuerdos son la consecuencia del proceso según el cual las ideas de nuestra mente se transforman en creencias y, por consiguiente, influyen en nuestros actos. Dichos acuerdos pueden acompañarnos a lo largo de nuestra vida, determinando nuestras percepciones en todos los aspectos de nuestro día a día. Estos acuerdos, referentes a decisiones que pueden ser trascendentes como con quién nos casamos o tan aparentemente nimias como qué nos ponemos, pueden actuar de manera que nos conformen, influyan y, a veces, incluso nos controlen y, a menudo, sin que seamos conscientes de ello.

La mayoría de nuestros acuerdos están muy arraigados; nuestra mente locuaz y pensante los crea y cimenta en la «realidad». Olvidamos que nuestros pensamientos e ideas, que forman los cimientos de nuestros acuerdos y, por consiguiente, de nuestras creencias, no existen «en el mundo exterior». Solo existen en nuestro interior. Y su poder radica en el hecho de que los consideramos ciertos. Cuanto más apegados estamos a un acuerdo en concreto, más poder ejerce sobre nosotros.

Por sí solos, los acuerdos no son ni positivos ni negativos, y confiamos en muchos de ellos para movernos por el mundo de forma eficaz. Los acuerdos que adoptamos en nuestra infancia como respuesta a las instrucciones de nuestros padres relativas a la seguridad y a la salud resultan útiles: «Las verduras son nutritivas y sanas. Mira a izquierda y a derecha antes de cruzar la calle». Sin embargo, no todos los acuerdos son constructivos o positivos: «No aporto gran cosa en el trabajo. Es que no soy una persona creativa». Y otros incluso pueden ser autodestructivos: «No soy digno de ser amado.»

Muchos de nuestros acuerdos son el resultado de las semillas intelectuales que otros plantaron en nuestro interior en nuestros años de formación. Aprender a reconocer tales acuerdos, discernir si son útiles o inútiles y, acto seguido, cambiarlos o descartarlos en caso necesario supone uno de los mayores empeños del viaje hacia la libertad personal.

Así pues, aunque las palabras pueden ser muy poderosas, en la tradición tolteca también reconocemos que las palabras adolecen de muchas limitaciones. No son más que descriptores e indicadores de la realidad, no la realidad en sí. Tal como el filósofo Alan Watts observa con respecto a las palabras: «El menú no es la comida». Las palabras apuntan a la verdad, pero no son la verdad por sí ni en sí mismas.

Los libros son herramientas magníficas que, al fin y al cabo, están formados por palabras. El libro adecuado en el momento adecuado tiene la capacidad de transformar nuestra vida brindando esperanza en momentos de desesperación, o de causar asombro en momentos de sequía creativa. No obstante, por grande que sea el potencial de los libros, en último término no es el libro en sí lo que nos cambia, sino que nos cambiamos nosotros.

Esta situación plantea un reto interesante. Para explicar las enseñanzas y herramientas que compartiré aquí contigo, necesito palabras. Pero te insto a que permitas que estas palabras vayan más allá de tu mente y las dejes entrar en tu corazón. Es entonces cuando —en lo que yo llamo la sincronicidad entre corazón y mente— puede producirse la transformación.

Más allá de la mente

Los antiguos griegos tienen un término para ello. Lo llamaban *metanoia*, cuyo significado literal es «más allá de la mente». *Metanoia* puede interpretarse como una transformación del individuo que se produce de manera simultánea tanto en la mente como en el corazón. Esta es la actitud con la que me gustaría que se tomasen las palabras de este libro. Confío en que te invitarán a la introspección, a ir más allá de la lógica y la razón para situarte en un lugar de abertura luminosa y nueva concienciación. Incluye una sensación de movimiento, de dar la vuelta, de ir más allá, de abrirse. Y eso se debe a que, en última instancia, seamos o no conscientes de ello, estamos todos embarcados en un viaje largo y magnífico: el viaje hacia la libertad personal y la liberación de nuestro verdadero yo. El objetivo de este viaje es un cambio fundamental en nuestra percepción del mundo y nuestro lugar en él.

De hecho, los antiguos toltecas se reunieron para estudiar y comprender la percepción hace más de 2.000 años. Según la tradición oral de mi familia, los antepasados de la Antigüedad sabían que la mayor libertad radica en el arte de ver la realidad tal como es, más allá de nuestros acuerdos e historias. Lo que descubrieron es que no existe cambio verdadero sin una percepción clara.

¿Cuál es el mayor obstáculo para la percepción clara?

El miedo.

El miedo es la base de todos los obstáculos con los que nos encontramos en nuestro camino hacia la libertad personal. Sin embargo, es importante observar que cuando empleo la palabra «miedo» en este contexto me refiero al miedo psicológico más que al físico. El miedo físico puede ser natural y útil, por ejemplo, si de repente te topas con un oso mientras caminas por el bosque. En tal caso, el miedo produce adrenalina, la cual incrementa el ritmo cardiaco y aumenta el consumo de oxígeno. Prepara el cuerpo para quedarse a luchar o echar a correr.

Contrastémoslo con el miedo psicológico, el miedo a no gustar a los demás, a no conseguir lo que se desea o a no ser «lo bastante bueno». Estos tipos de miedo se basan en los acuerdos a los que se ha llegado a lo largo de la vida. Por desgracia, este miedo psicológico suele provocar las mismas reacciones físicas en nuestro organismo que el miedo físico, por lo que nos acelera el corazón y nos provoca retortijones de estómago. Esta situación hace que nuestro cuerpo pase por un estrés físico innecesario y excesivo que, a lo largo de toda una vida, puede tener consecuencias nocivas.

¿Por qué digo que el miedo es el mayor obstáculo para la percepción clara cuando hay tantas otras emociones negativas que tener en cuenta? Porque, en la mayoría de los casos, el miedo se sitúa en el centro de todas esas otras emociones. La mayoría de las veces, la ira, el odio, los celos, el arrepentimiento y prácticamente todas las reacciones negativas pueden, en última instancia, atribuirse al miedo. El miedo nos paraliza de tal manera que nos hace pensar que repetiremos los errores del pasado y nos abruma con angustias sobre el futuro. El miedo nos atrapa en la falsa creencia de que solo nos aceptarán cuando estamos a la altura de una lista interminable de expectativas: tenemos que ser lo bastante listos, guapos, espirituales, estables desde un punto de vista económico, haber conseguido nuestros objetivos, etc. Es habitual que cuando trabajamos y aprendemos a reconocer y lidiar con nuestros temores, otras emociones negativas contra las que luchamos disminuyen o se esfuman a la vez.

Buena parte del viaje que compartiremos en estas páginas abordará el tema del miedo, dada su trascendencia para superar sus manifestaciones psicológicas en el camino hacia la percepción clara y la libertad personal.

El viaje

En la tradición tolteca, el viaje hacia la percepción clara puede incluir un viaje físico inspirado en el centro espiritual de mis antepasados toltecas, el antiguo complejo piramidal sito en la ciudad de Teotihuacán (abreviado a veces como «Teo» en estas páginas). Este antiguo complejo está situado a unos cuarenta kilómetros de la actual Ciudad de México. Los edificios, templos, calzadas y pirámides de Teo representan el mapa que seguiremos para lograr el objetivo que se describe en el libro.

Cada una de las ubicaciones del complejo piramidal reviste un significado especial que puede tomarse como el símbolo de una etapa del camino hacia la libertad personal. He recorrido el complejo muchas veces a lo largo de los últimos treinta años, al comienzo como discípulo de mi padre y abuela y, posteriormente, como maestro. La majestuosidad de los logros arquitectónicos de la ciudad son la prueba fehaciente de la sabiduría del pueblo antiguo que la construyó.

Si bien os animo a visitar este lugar impresionante si tenéis ocasión, también quiero dejar claro que no hace falta viajar a Teotihuacán para beneficiarse del trabajo que aquí describo. El viaje más importante que puede uno emprender en la vida es el que va a nuestro interior. Todo el análisis, preparativos y trabajo que necesitas está en tu interior. Toda la sabiduría necesaria para la maestría personal reside en tu corazón y en tu mente desde ya. Las enseñanzas de Teo, y las que presento en este libro, no son más que una ayuda para descubrir y liberar el poder que ya posees.

En la tradición tolteca enseñamos que, si bien toda la sabiduría y las respuestas que necesitas están en tu interior, a veces todos necesitamos una guía que nos ayude a encontrarlas. Y ese es el objetivo de este libro. En él ofrezco varios ejercicios y rituales creados para ayudarte a llevar a cabo el trabajo interior. Los rituales y las ceremonias ocupan un lugar importante en la tradición tolteca, pero no porque tengamos un vínculo especial con las prácticas religiosas o porque nos dejemos llevar por la superstición. De hecho, rechazamos ambas opciones. Sin embargo, celebramos rituales y ceremonias porque tienen el poder de llegar a partes de nuestro ser que están más allá de la mente.

Los rituales se basan en la experiencia sensorial y en nuestra relación con el tiempo y el espacio. En ellos, empezamos en un lugar y acabamos en otro y notamos que hemos cambiado. Los rituales abren espacio en nuestros cuerpos, mentes y corazones. Te animo a entregarte sin reparo a los ejercicios, rituales y ceremonias incluidos al final de los capítulos de este libro. Nuestra mente suele infravalorar el poder de los rituales y las ceremonias precisamente porque su eficacia va más allá de nuestra capacidad intelectual. No pasa nada. Piensa en la mente en estas circunstancias como si fuera un adolescente gruñón que no quiere que bailes en la fiesta por temor a sentir vergüenza ajena. Sobrevivirá. Hazlo de todos modos. A veces la mejor manera de superar a la mente es haciendo caso omiso de ella.

Maestría

Es importante decir algo aquí sobre el título de este libro. Quiero dejar claro a qué me refiero cuando hablo de «maestría». En el mundo moderno, ser maestro de algo hace referencia a veces a ejercer la voluntad determinante o el control sobre algo, por ejemplo: dando órdenes a otras personas, o estar en una posición de poder o ganar o dominar a las personas, lugares o situaciones.

En el libro no encontrarás nada de esto.

En el contexto de este libro, la maestría se refiere a algo que practicamos con regularidad. En estas páginas, te pido que analices en profundidad las creencias sobre ti mismo y el mundo que te rodea y que te fijes en lo que haces normalmente: cómo actúas y reaccionas basándote en tus creencias. A continuación, cuando seas más consciente de lo que piensas, de cómo actúas y del origen de esos actos y pensamientos, te invito a que pongas en práctica nuevas formas de pensar y de actuar que estén más acorde con tu verdadera naturaleza y que te hagan el mayor bien posible. Te animo a que pongas en práctica una vida que no esté controlada por el miedo.

El título de este libro no debe inducirte a pensar que te empoderará para controlar la vida o imponer tu voluntad a otras personas, lugares o cosas. De hecho, cuando te conviertes en un verdadero maestro, te despojas de esa necesidad. En cambio, te esfuerzas por hacer encajar tu voluntad con la de la vida, haciendo lo mejor en todas las situaciones, librándote de categorías y separaciones, y rindiéndote ante el resultado. Acabas comprendiendo que la vida sabe lo que es bueno para ti. Este entendimiento te otorga una paz que es más profunda y duradera que cualquier otro beneficio a corto plazo que te proporcionaría ejercer el control o el poder.

Otra manera de decir todo esto es: cuando alcanzas la maestría de la vida, ves a Dios dondequiera que mires. Por supuesto, es fácil conseguirlo al admirar un bonito atardecer en la montaña, pero mucho más complicado cuando te enfrentas a la masacre propia de una guerra. Sin embargo, independientemente de cómo te sientas sobre el atardecer o la masacre, la vida pasa por los dos en igual medida.

Por este motivo, el viaje de este libro consiste en rendirse ante la vida en vez de ejercer un dominio egocéntrico sobre ella. La paradoja hermosa es que a través de este espíritu de rendición obtenemos una medida de control sobre nosotros mismos, sobre nuestros actos y reacciones y sobre las decisiones que tomamos. Todo ello nos conduce a un espacio nuevo de paz, felicidad y libertad personal. Este es el regalo que mis antepasados toltecas ofrecieron al mundo hace siglos y tengo el privilegio de ofrecértelo a ti ahora.

Así pues, respiremos hondo juntos y preparémonos para emprender el camino. Estamos a punto de iniciar un viaje excepcional.

1

El arte de la vida

Imagina el momento de tu nacimiento. Respirando, moviéndote y notando cómo te abrías paso hacia un nuevo entorno, entraste en el mundo como un ser de concienciación, espíritu, emociones e instintos puros. Y este milagro de la vida, el asombroso conjunto de capacidades que eres, llegó aquí provisto de un potencial extraordinario: el potencial de construir una vida llena de alegría, asombro, libertad y creatividad. Lo que resulta incluso más sorprendente es que, si bien todos los seres humanos tienen estas capacidades, cada uno de nosotros es un individuo único con la posibilidad de convertirse en una persona realizada, creativa y amorosa. Así pues, todos somos artistas, y nuestras vidas son nuestra obra de arte. De hecho, la palabra «tolteca» significa «artista». Los antiguos toltecas creían que la idea de arte iba mucho más allá de su concepción actual. Y dominaban el gran arte de la vida y de la libertad espiritual aprendiendo a reconocer y a acceder a la energía y potencial radiantes que se encuentran en todas partes.

Según la tradición tolteca, esta fuerza vital pura —esta energía y potencial— está presente en todos y cada uno de nosotros. Esta energía se denomina el *nagual*. Hay infinidad de culturas y tradiciones espirituales que también han reconocido y honrado esta fuerza vital, por lo que recibe distintos nombres: *chi, shakti, prana,* el Espíritu Santo, *baraka, wakan,* etc. Esta energía vivificante y esencial siempre nos rodea. Se desplaza por todos los seres vivos y está conformada por nuestra intención. El *nagual* está presente en ti y en todos los seres que te rodean desde el momento de tu llegada al mundo.

Domesticación

Inmediatamente después de nacer, si no antes, dadas las herramientas de las nuevas tecnologías, recibiste un nombre y se te asignó un sexo. En ese preciso instante, se formó lo que significa ser «tú». Quienes te dieron la bienvenida a este mundo cubrieron tus necesidades básicas dándote alimentos, cobijo y amor de la mejor manera que supieron. Pero también tenían la misión de enseñarte a vivir en sociedad en el marco de una serie de creencias culturales específicas. Así pues, además de los cuidados básicos que te ofrecieron, tus padres o cuidadores «captaron» tu atención. A lo largo de los años siguientes, te enseñaron tu nombre, te contaron una historia sobre tu nacimiento y tu familia; te identificaron como niño o niña. Y te enseñaron todo lo que eso significaba en la sociedad en la que vivías. Con el paso del tiempo, te dirigieron hacia un camino de agrados y desagrados y te enseñaron las normas sociales y culturales: «En nuestra familia, no nos dedicamos a la danza ni al canto. En nuestra cultura, los hombres no lloran». Con toda probabilidad aceptaste muchas de estas ideas y te rebelaste contra otras. Pero, en cualquier caso, las historias, normas y preferencias empezaron a forjar tu identidad, o la imagen que tienes de ti.

Del mismo modo, tus padres o cuidadores compartieron contigo ideas, opiniones, juicios, objetivos y deseos. Y también compartieron sus temores, algunos de los cuales sin duda tenían por objetivo salvaguardar tu integridad física: «No toques los fogones. Mira si pasan coches antes de cruzar la calle». Este tipo de indicaciones eran útiles y necesarias. Sin embargo, también compartieron muchos otros miedos de forma indirecta: temor a no gustar, temor a no tener suficiente, o el temor a no «ser» suficiente. Estos miedos también ejercen una función protectora, por supuesto, dado que el animal humano es social y vive en comunidad. En ciertas circunstancias, no encajar puede resultar muy peligroso o incluso mortal.

Este proceso de aculturación lenta, mediante el que nos enseñan, de forma directa o indirecta, una serie de creencias, temores, preferencias y hábitos es lo que la tradición tolteca denomina «domesticación». A medida que te domestican, adquieres las creencias y comportamientos que acabas considerando «propios». Es decir, formas una identidad de lo que significa ser tú. Quizá suene negativo o pesimista, pero no lo es. No es más que un proceso inevitable por el que todos pasamos como seres humanos.

No obstante, el hecho de que la domesticación resulte inevitable no significa que no tenga consecuencias negativas. A medida que creces y te domestican, tu derecho natural —la luz esencial que hay en ti que se alinea con el *nagual*— suele quedar enterrado bajo una montaña confusa de emociones, normas y acuerdos que guían todos tus movimientos y sirven para separarte de tu verdad más profunda.

Pero, ¿y si pudieras desvelar esa verdad?

A lo largo del mundo y del tiempo, los místicos e investigadores han recorrido un camino dedicado al descubrimiento de su propia verdad y libertad personales. Estos viajeros espirituales no desean retornar a su estado infantil sino ir más allá de su estado actual para alcanzar algo más enriquecedor. Reapropiándose de su poder personal, reavivan la concienciación pura que poseían en el momento de nacer y aspiran a alcanzar una capacidad nueva y madura de transformar su experiencia personal en modos que les permitan crear, jugar, amar y deleitarse con los retos que les presenta la vida.

Aceptan el amor incondicional como el espejo perfecto de todo lo que ven y se mantienen fuertes frente a las fuerzas internas y externas que intentan destruir su paz interior. Ya no permiten que el miedo los controle. En eso consiste la libertad personal. Esta es la vía tolteca. Esto es la maestría de la vida.

La antigua ciudad de Teotihuacán

Mucho antes de que los aztecas llegaran a la zona centro del sur de México, la región era el hogar del pueblo tolteca, que vivió y prosperó allí. El mayor logro arquitectónico de este pueblo antiguo es el complejo piramidal de Teotihuacán, una estructura que fue abandonada por sus habitantes 500 años antes de la llegada de los aztecas. No se conservan muestras de lenguaje escrito y solo se conocen algunos hechos sobre este pueblo. De hecho, sabemos poco o casi nada de su forma de gobierno, de sus estructuras sociales, su religión o su historia.

La arquitectura y arte complejos que los aztecas encontraron en dicho complejo les impresionó tanto que llegaron a la conclusión de que debía de ser la cuna de los mismos dioses. Lo llamaron Teotihuacán, que significa «el lugar en el que el hombre se convierte en Dios». Sin embargo, una traducción más acorde con el mundo moderno sería «el lugar en el que los humanos reconocen la divinidad de su interior».

En la actualidad, sabemos que hacia el 500 EC, en el punto álgido de su desarrollo, la ciudad contaba con una población de unas 200.000 personas, lo cual la convertía en una de las mayores del mundo en ese momento. Aunque los arqueólogos y antropólogos no se ponen de acuerdo acerca de los detalles de la vida y la cultura toltecas, mi familia y muchos otros han conservado desde tiempos inmemoriales una rica tradición oral llena de mitos, historias y enseñanzas que iluminan la vía tolteca. El objetivo de esta vía siempre ha sido el mismo: encontrar la libertad personal a través de la transformación de una actitud basada en el miedo por otra de amor y felicidad incondicionales.

Los impresionantes restos de la ciudad de Teotihuacán se veneran hoy en día por ser un lugar con un gran poder espiritual. De todo el mundo llegan investigadores que continúan con su búsqueda de la libertad personal completando un viaje poderoso a lo largo de la ciudad. Recorren la Avenida de los Muertos, se desplazan por entre las grandes pirámides de Quetzalcóatl, la de la Luna y la del Sol, que están ingeniosamente orientadas hacia los puntos cardinales, el cielo nocturno y las estaciones.

Mi familia echa mano de la sabiduría transmitida de generación en generación sobre el complejo en sí y vincula el viaje espiritual interno que cada uno de nosotros realiza en esta vida con los aspectos externos de la ciudad antigua. Es decir, cada una de las avenidas, plazas y templos corresponden a una etapa del camino interior, que es el camino que seguiremos en este libro.

Cada capítulo se corresponde con un lugar distinto del complejo, y cada etapa ilumina y ahonda nuestro conocimiento del camino hacia la autorrealización y la libertad personal.

Dentro de esta tradición es imprescindible comprender que estas enseñanzas son antiguas y modernas a la vez, y que están en constante evolución. Los toltecas han descrito este camino durante muchas generaciones y han mostrado a otros cómo recorrerlo. No obstante, la paradoja es la siguiente: este camino es y solo puede ser único para cada individuo. Tal como decía mi abuela: «si practicas la tradición tolteca tal como la practicamos tu padre o yo, la estás matando». Tardé cierto tiempo en entender a qué se refería y era que la tradición siempre será específica de la persona que la practica porque se basará en sus experiencias particulares después de aplicar las lecciones de su vida.

Los sueños personales y colectivos

La tradición tolteca nos enseña que la mente sueña de manera constante. Desde el momento en que nos despertamos hasta el momento en que nos dormimos, la mente percibe de forma activa, creando historias e intentando darles sentido. Esto es lo que los toltecas denominan el «sueño personal», que nos recuerda que nuestra comprensión del mundo está filtrada por nuestras percepciones, domesticaciones y experiencias. Este es uno de los motivos por el que los toltecas no tienen normas o doctrinas específicas aplicables a todo el mundo. Si bien muchas personas antes que tú han recorrido el camino de la sanación —el camino del guerrero tolteca—, solo hay una persona que puede recorrerlo por ti en la vida: tú.

Como no vamos por la vida solos, también existe el sueño «colectivo», al que la tradición tolteca denomina el «sueño del planeta», que se define como la suma total de todos los sueños personales. Por tanto, decimos que nuestro sueño colectivo es el que ha creado el mundo tal como lo conocemos. En este libro iré un paso más allá e introduciré el «sueño del universo», que comprende todo el conocimiento científico y técnico que hemos adquirido sobre las estrellas, los planetas y las galaxias que están mucho más allá que las nuestras. El sueño del universo deja espacio para que nuestra percepción se expanda de manera constante en esta nueva frontera.

La idea que subyace a todas estas maneras de conocer y de ser —los sueños personales, el sueño del planeta y el sueño del universo— es la visión del guerrero tolteca según la que «nuestra percepción es la que crea nuestra realidad». En la tradición tolteca no se trata de una metáfora, sino que lo decimos en sentido literal.

El camino del guerrero

Una de las características más destacadas de los antiguos toltecas es que se centraban en la autorrealización y la concienciación en vez de en la guerra y la conquista de otros. Por consiguiente, el guerrero tolteca no es un guerrero en el sentido de alguien adiestrado para matar, defender o conquistar en el sentido militar. Los guerreros toltecas se centran en la guerra espiritual que se libra en su interior. Su objetivo último es vivir a partir del amor universal y la aceptación en vez de con miedo, avaricia y odio.

La imagen del guerrero nos recuerda que este camino alberga la promesa de una gran recompensa. Es accesible a todos, pero no es fácil. El camino del guerrero empieza con la constatación de que primero debemos ir hacia el interior, dado que no puede realizarse ningún progreso sin reflexionar sobre nuestro mundo más profundo: la mente. Debemos llegar a entender cómo funciona la mente. Al fin y al cabo, no podemos entender nada, sentir nada, creer nada o realizar progresos espirituales sin usar la mente.

Aunque empezamos de niños —pequeños hatillos de luz y energía puras bien alineados con el origen del *nagual*— pronto aprendemos a usar la mente. Sin embargo, a través del proceso de domesticación, nuestra percepción se corrompe por culpa de creencias y acuerdos de escasa utilidad. Si bien todos queremos tener una vida que pueda describirse como un sueño hermoso, tanto nuestros sueños personales como colectivos pueden corromperse hasta el punto de que parezcan más bien una pesadilla. Lo más obvio de esta situación es la guerra y la violencia que nos infligimos los unos a los otros. Pero el origen de todo este sufrimiento externo siempre puede atribuirse al conflicto de nuestro interior.

Un elemento fundamental del conflicto externo es la idea interiorizada de que no tenemos suficiente de lo que creemos necesitar, o que no somos suficiente tal y como somos. Cada vez que consideramos que no tenemos suficiente o no somos suficiente (lo bastante talentosos, lo bastante inteligentes, lo bastante duros, etc.), sufrimos y hacemos sufrir a los demás. Por desgracia, hoy en día muchos de nosotros pasamos más horas despiertos sufriendo mentalmente que en paz, por lo que no es de extrañar que algunos vivan en una pesadilla constante en vez de en un hermoso sueño. Una de las cosas que aprendemos a lo largo del camino del guerrero es reconocer dónde y cuándo nos provocamos el sufrimiento y cómo este sufrimiento se basa únicamente en nuestra percepción.

En su libro *La sabiduría de los chamanes* (Ed. Urano, 2018), mi hermano don José explica que, en el actual sueño del planeta, la mente humana tiene lo que podría llamarse la costumbre, o incluso adicción, al sufrimiento. Aunque, a primera vista, pueda parecer una aseveración extraña, si analizamos todas las maneras con las que los humanos hacemos sufrir a los demás y a nosotros mismos, creo que llegarás a la conclusión de que es cierto.

Empezando por todas las formas nimias con las que causamos dolor emocional a los demás a través de hábitos como el cotilleo y hasta límites insospechados como la horrible destrucción que supone la guerra, nosotros mismos somos, con diferencia, la mayor fuente de sufrimiento humano. Incluso cuando analizamos nuestro interior, vemos nuestra tendencia a gravitar hacia el sufrimiento. Por ejemplo, ¿te has fijado cómo a menudo buscamos problemas cuando la situación es demasiado tranquila? ¿Y qué me dices de nuestro amor colectivo por los dramas? Basta con encender cualquier televisor y no habrá que esperar mucho para ver un ejemplo de ello.

La raíz de todo este sufrimiento mental es el miedo psicológico —ya sea el miedo a no obtener algo que deseamos (un objeto material, reconocimiento o halagos, el amor de los demás) o el miedo a perder algo que ya tenemos. Lo irónico de la situación es que la mayoría de nuestros temores se basan en ideas domesticadas en vez de en nuestra verdad interna.

Por ejemplo, hoy en día muchos de nosotros aceptamos trabajos y adquirimos posesiones o estatus por la sencilla razón de que otros lo hacen. Nos convencemos de que también «deberíamos hacerlo» o «deberíamos tenerlo». Vivimos en un mundo de comparaciones y sometemos nuestra autoestima y autoaceptación a parámetros creados por otros en vez de a través de un análisis honesto de nuestros deseos y necesidades. Algunas personas llevan tanto tiempo viviendo así que ya no son conscientes de lo que realmente quieren. Como te puedes imaginar, o incluso quizá hayas experimentado, este comportamiento conduce al sufrimiento más que a la felicidad.

El objetivo de los guerreros toltecas es reconocer y liberarse de los acuerdos basados en el miedo y de las creencias poco útiles y realizarse en plenitud como seres espirituales que están vivos ahora, como manifestaciones perfectas y completas del *nagual*, o de la vida misma. De esta manera, se convierten en artistas cuyas obras son la historia de su vida. En estos nuevos sueños creados por ellos, emprenden acciones que son consecuentes con lo que quieren realmente en la vida.

Para este fin, emprender un viaje de poder puede resultar una herramienta útil a lo largo del camino.

Viajes de poder

En un nivel básico, un viaje de poder es un viaje ceremonial a un lugar sagrado para recorrerlo. Suele ser un yacimiento, un monumento o un enclave natural que se ha utilizado a lo largo del tiempo dentro de una tradición determinada para recibir poder espiritual, celebrar rituales y ceremonias que favorezcan la transformación y la libertad individual y colectiva. Hay lugares de este tipo en todo el mundo, por supuesto, desde las ruedas medicinales del oeste americano, la Montaña de la Mesa en Sudáfrica, a Stonehenge en la campiña inglesa, pasando por el Camino de Santiago en España. Mi familia ha hecho infinidad de viajes de poder a Teotihuacán a fin de introducir a aprendices y otros estudiosos en el camino sagrado que allí se recorre. Este camino nos lleva desde la plaza de Quetzalcóatl a la pirámide del Sol, desplazándose por entre las ruinas de un modo ceremonioso.

Al final de un viaje de poder a un lugar sagrado, las personas suelen percibir que han cambiado totalmente de perspectiva. Ven las cosas de un modo distinto, con una experiencia sensorial aumentada que les dura mucho después de que vuelvan a su vida «normal». También es posible que se empapen de la energía y sabiduría de viajeros pasados. Notamos el apoyo de su presencia como arquitectos de estos espacios sagrados y como guías que trascienden los límites del tiempo para llegarnos al corazón y a la mente a través de sus creaciones. En muchas tradiciones indígenas, estos lugares también suelen estar profundamente arraigados en el poder del mundo natural y los cuatro elementos primarios (agua, aire, fuego, tierra). Por ello, un viaje de poder puede dejarnos con una conexión renovada con la misma tierra, así como con el Sol y la Luna, la vida animal y vegetal, igual que con la inmensidad de nuestro universo.

Un viaje de poder puede estar vinculado a un lugar físico, pero no necesariamente. En la tradición tolteca decimos que cualquier viaje al exterior es un viaje menor; el gran viaje es el que hacemos a nuestro interior.

La mayoría de los viajes exteriores, incluyendo el camino que seguimos en Teo, son lineales. Vamos de un punto al otro a lo largo de una trayectoria predeterminada. Por el contrario, los viajes interiores son más parecidos a una espiral infinita. Cuando recorres el camino del guerrero tolteca, verás que hay circunstancias y situaciones en la vida que vuelven una y otra vez, cada vez con una concienciación aumentada. Si no aprendes lo que la situación tiene que enseñarte, la lección se repetirá. El trabajo nunca termina; la maestría es siempre un viaje sin fin. Por tanto, no debería sorprender que el símbolo de la espiral se haya encontrado como parte de petroglifos antiguos por todo el mundo.

Aunque el camino es interminable, ello no significa que los guerreros no tengan objetivos que conseguir. El objetivo a lo largo del trayecto es ir más allá de los acuerdos provocados por la domesticación basados en el miedo a fin de empezar a vivir la vida del artista, la que se basa en la alegría y el amor incondicional.

¿El pueblo antiguo que construyó Teo imaginó en alguna ocasión que ese camino se recorrería en la actualidad? Nunca lo sabremos. Pero estoy convencido de que eran igual de conscientes, por no decir más, que ahora de la importancia de este viaje para alcanzar la maestría de la vida.

Miedo y amor

No es un viaje para los pusilánimes. Exige que examines tu identidad, tus deseos y tus domesticaciones, y exige que abandones al «yo menor» que ocupa buena parte de tu vida

diaria. Tus domesticaciones están profundamente arraigadas. Y como estamos tan apegados a esas partes de nosotros, hasta tal punto que a menudo pensamos que es la suma
total de quienes somos, este proceso puede crear precisamente el miedo psicológico que deseas eliminar.

Existen un par de motivos para ello. En primer lugar,
cuando dejamos la seguridad de lo conocido, aunque lo conocido resulte doloroso, casi siempre nos entra miedo. Por
ejemplo, ¿cuántas veces has decidido permanecer en una situación mala, como un trabajo o una relación, porque era
conocida y cómoda? En segundo lugar, y quizá te resulte
sorprendente, en lo más profundo, muchos de nosotros tememos nuestro verdadero potencial, tememos alinearnos
con la luz única que somos y permitirle brillar en el mundo
en todo su esplendor. Tal vez te plantees si dar a conocer tu
poder personal te marginará u ofenderá a las personas que
te rodean y a los grupos a los que perteneces. ¿Y si nunca
puedes volver al consuelo que supone ser dócil e inconsciente?

Son temores habituales, pero son psicológicos por naturaleza. Además, estos miedos son ilusorios. Lo que hay
más allá de ellos es una forma hermosa de estar en el mundo, en la que el miedo queda reemplazado por el amor incondicional. Eso no significa que no vayas a experimentar

la emoción humana del miedo de vez en cuando. Más bien, significa que el miedo ya no controlará tu vida. Significa que, cuando llegue el miedo, podrás reconocerlo y transformarlo.

Los miedos psicológicos dominan la vida moderna, de tal manera que causan estragos en el cuerpo y en la mente, además de alimentar la adicción constante al autojuicio, la culpabilidad y el sufrimiento. La prevalencia de este tipo de miedo quizá sea el mayor indicador individual de la persona cuyo sueño personal se ha convertido en una pesadilla.

Cuando el miedo es tu principal motivación, tu comportamiento, relaciones y emociones están secuestradas por una poderosa voz interior que dice protegerte, cuando en realidad provoca confusión. El miedo lleva a ocultar tu verdadero yo detrás de máscaras y rasgos de la personalidad. Socava tus deseos más profundos y hace que construyas muros o que apartes el amor de los demás. El miedo también te alienta a intentar controlar situaciones actuales y a predecir el futuro, por mucho que el único momento al que tienes acceso sea el presente. Por último, el miedo te cuenta la mayor mentira posible: que eres pequeño e insignificante, y que estás en cierto modo separado del conjunto de la creación.

El objetivo del camino del guerrero es sustituir este miedo por amor. Pero en la tradición tolteca reconocemos que el amor tiene dos manifestaciones: el condicional y el incondicional. El amor condicional solo funciona para oscurecer tu realidad más profunda a través de la domesticación. En el origen de toda domesticación existe inevitablemente algún tipo de condición. «Si hago esto, seré merecedora de amor». Este tipo de manifestaciones también aparecen en los demás. «Si haces o dices lo correcto (sacas buenas notas o consigues un trabajo), entonces tendrás mi amor y aprobación.» El colofón y amenaza inherente, por supuesto, es que, si no consigues o haces tales cosas, quedarás privado de amor. La clave del amor condicional es la frase del si/entonces. No obstante, en el amor incondicional las frases del si/entonces no tienen cabida.

En cambio, el amor incondicional brota directamente del *nagual* a través de nuestros corazones y sale al mundo cuando nos relacionamos con otros seres humanos y con la vida a través del prisma de la compasión. El amor incondicional reconoce que el *nagual* —la naturaleza divina y la energía de la vida misma— fluye a través de todos los seres vivos y, por consiguiente, está presente en todas las personas que conocemos, independientemente de quiénes son o de si estamos de acuerdo con ellas con respecto a la cultura, religión, política o cualquier otra manera de ser o pensar. El hecho de alcanzar la maestría de la vida se refleja en la capacidad de ver esta realidad de forma clara en todos los seres vivos. Solo existe el amor.

Por eso es un camino del guerrero. Al fin y al cabo, posees el poder verdadero que brota del *nagual* de tu interior, aunque pueda estar ensombrecido por todo tipo de acuerdos, juicios y temores. De todos modos, tu poder nunca reside en esos lugares en los que el miedo te mantiene acobardado: tus posesiones, el estatus, el intelecto, o cualquiera de las personalidades o máscaras que puedas enfundarte en distintas ocasiones. La verdadera fuente de poder, tu derecho natural, es tu unión con la vida misma, que siempre está allí, independientemente de que la hayas perdido de vista o enterrado.

Este viaje tiene que empezar en el único lugar posible: donde estás ahora mismo. Entra en el momento y acepta sin reparos que el lugar donde estás es absolutamente perfecto para ti. Todo lo que ha sucedido hasta este momento te ha convertido en quien eres y te ha llevado hasta aquí. Nada de lo que ha habido en tu vida ha sido un error.

Preparativos para el viaje

Al comienzo de todo viaje preparas aquello que quieres llevarte. Así pues, para este viaje interior te sugiero que consigas dos herramientas específicas a las que haré referencia a lo largo del libro: un diario y un lugar para meditar.

⬥⬥

EJERCICIO: LLEVAR UN DIARIO

Escoge como diario algo tipo libreta en blanco que te atraiga de algún modo. No hace falta que sea sofisticada, pero debería gustarte lo suficiente para que quieras tenerla cerca y utilizarla. Muchas personas eligen un diario por el tacto que tiene, es decir, que su presencia física emane cierta energía y potencial. Tu diario será el lugar donde reflejar por escrito muchos aspectos de tu viaje y suele ser un método potente de recordar y reforzar lo que aprendes y descubres a lo largo del camino.

Si la idea de escribir a mano en un diario físico no te atrae, por supuesto que puedes llevar un diario en el portátil o en cualquier otro dispositivo. Para ciertas personas, teclear es más rápido que escribir a mano y ayuda a crear una sensación de flujo que conduce a la libre asociación y expresión. Haz lo que funcione mejor en tu caso.

Quizá desees convertir en un ritual el hecho de escribir en el diario dedicando una cantidad de tiempo específica y/o encendiendo una vela para que la escritura se convierta en un acto sagrado. Sin embargo, no es necesario si no te atrae la idea.

Por ahora, en las primeras etapas de tu viaje, intenta responder a una de estas preguntas para ponerte en marcha:

- Al final del viaje de mi vida, ¿qué me gustaría sentir?
- ¿Cuáles son mis mayores temores a la hora de emprender este viaje?
- ¿Qué estoy dispuesto a aceptar (sobre mí mismo o sobre el viaje de poder que voy a emprender) en este momento, aunque no me guste?

EJERCICIO: MEDITACIÓN SENTADO

La meditación puede resultar una herramienta poderosa para profundizar en el conocimiento personal. Por supuesto, algunos de los lectores quizá hayáis probado la meditación en el pasado y os haya parecido frustrante porque no conseguisteis «acallar la mente». No obstante, este no es el principal objetivo de la meditación ni tampoco el nuestro. Quiero que practiques la meditación sentado, no que despejes la mente, sino simplemente que observes cómo funciona. Además, sé que la palabra «meditación» intimida a ciertas personas, pero ten en cuenta que lo único que vas a hacer es sentarte en silencio, nada más. Las palabras no son más que tus acuerdos, por tanto, si la palabra meditación te molesta, escoge otra como sentarse, rezo o silencio.

No necesitas nada complicado para encontrar un lugar donde meditar, lo único que hace falta es un espacio tranquilo en el que nadie te moleste durante un intervalo de entre diez y veinte minutos. A algunas personas les gusta sentarse en el suelo en una de las posturas clásicas de meditación, pero no es imprescindible. Para la mayoría, la mejor postura inicial es sentados en una silla con la espalda recta, los pies planos en el suelo y las manos ligeramente apoyadas encima de los muslos. La mayoría considera que es más fácil centrarse con los ojos cerrados. Otros prefieren repetir una palabra o frase. Para nuestro objetivo, uno de los métodos más fáciles y accesibles es limitarse a observar la respiración. Fíjate en cómo inhalas y cómo exhalas. Básicamente en eso consiste la meditación.

En cuanto hayas adoptado la postura de meditación y empieces a observar tu respiración, quizá notes que hay pensamientos, emociones y ensoñaciones que se te aparecen en la mente. No intentes cambiarlos ni evitarlos, limítate a observar cómo se desplazan y luego déjalos marchar. Si te sientes atrapado en un pensamiento, emoción o ensoñación en concreto (lo cual es fácil que ocurra), vuelve a la respiración y dedícate a observarla sin más. Con el tiempo, verás que cada vez te resulta más fácil y que, aunque tu propósito no era acallar la mente, es algo que se produce de forma natural. A lo largo de este libro encontrarás distintas meditaciones.

EJERCICIO: MEDITACIÓN PARA ACEPTARSE A UNO MISMO

Además de «hacer la maleta» para el viaje, te sugiero que también la deshagas un poco. En la medida de lo posible, intenta evitar las expectativas acerca del futuro, o la idea de que has «fracasado» en el pasado. Aquí, al comienzo del viaje, puedes empezar a aceptarte tal como eres, ahora mismo. Esta pequeña meditación marcará el comienzo de nuestro viaje juntos. Tómate la libertad de dedicar el tiempo que consideres para ello, pero bastarán entre cinco y diez minutos. El objetivo es sumergirte en el momento y aceptarte tal como eres. No hace falta encontrar el lugar «perfecto» para esta meditación. El lugar en el que estés leyendo estas líneas ya va bien. Relájate e inhala tres veces en profundidad y con afán purificador. Imagina que una energía pura y una luz dorada fluyen por tu cuerpo y a tu alrededor.

Ahora di en voz alta o para tus adentros: «Me acepto tal como soy en este momento».

Si notas que te asaltan pensamientos recurrentes sobre el pasado, imagina que los hilos que te atan al pasado se cortan con suavidad. Permite que todas las lamentaciones o recuerdos preocupantes afloren al exterior y se desvanezcan. Del mismo modo, si notas que hay ansiedad y preocupación sobre el futuro, imagina que los hilos que te atan al futuro se cortan con suavidad y permite que tales angustias se marchen volando como globos.

Ahora vuelve al mantra: me acepto tal como soy en este momento. Inspira, expira. Repite el mantra. Deja este libro a un lado y continúa con esta práctica unos minutos más. Descansa en la paz del *nagual* de tu interior.

◇◇

2

La plaza de Quetzalcóatl

Imagínate que te encuentras de pie en un escenario en medio de un gran auditorio lleno de cientos de personas. No sabes muy bien cómo llegaste a él o qué se supone que tienes que hacer. Pero cuando miras en derredor, te das cuenta de que eres la única persona sobre el escenario y que eres el centro de todas las miradas.

Da la impresión de que todos están esperando a que hagas algo, pero tú no sabes de qué se trata. Cuando escudriñas el rostro de quienes esperan, te percatas de que algunos sonríen mientras que otros tienen una expresión adusta o incluso enfurecida, y que también hay personas que parecen aburridas o apáticas.

De repente, quienes sonríen empiezan a animarte para que bailes, cantes y actúes cuando empieza a sonar música y un micrófono desciende desde el techo. Quienes tenían una expresión adusta o enfurecida comienzan a gritar que no les gusta esa música, que quieren otra o incluso otro cantante. Los que parecían aburridos empiezan a apuntarse al bando de los demás. Algunos te dicen que nada de esto es lo tuyo y que deberías marcharte del escenario. Otros aplauden tus esfuerzos y te dicen que eres el mejor. Muchos critican tu aspecto. Uno comenta que vistes fatal y otro que vas muy bien. Todas las personas del público se ponen a dar todo tipo de consejos acerca de qué debes hacer a continuación.

Al cabo de poco tiempo, la mayoría discuten entre ellos mientras te dan instrucciones. El ruido de sus gritos combinado con la música se torna ensordecedor. Todo el mundo opina sobre qué deberías hacer y todos compiten por tu atención.

Tú estás de acuerdo con algunas opiniones y con otras no. Si bien algunas voces resultan útiles, otras muchas no lo son. Intentas escuchar solo las voces que te gustan, pero entonces bajas la mirada hacia tu cuerpo y te das cuenta de que apenas te reconoces. Eres como un camaleón hiperactivo que cambia de forma, tamaño y color según las distintas opiniones y consejos que se agolpan a tu alrededor. Aterrado, sales corriendo del escenario, encuentras un baño y te encierras en él. Te tranquilizas al ver tu reflejo en el espejo que hay encima del lavamanos. Te ves. Empiezas a recordar quién eres realmente.

Esta experiencia parece una pesadilla para la que muy pocos de nosotros se ofrecería voluntario. Pero, en cierto modo, ya hemos vivido una versión de esta escena en nuestra vida. Los toltecas lo llaman *mitote*, las voces internas que nos bombardean con todo tipo de mensajes contradictorios y que reclaman nuestra atención. Son las voces que te han domesticado. La publicidad es uno de los ejemplos más sencillos y obvios del *mitote*, que nos bombardea constantemente con la idea de que, si compramos tal producto o servicio, seremos más atractivos o exitosos o poderosos o mejores, y que así alcanzaremos la felicidad. Por supuesto, este tipo de mensajes se publican porque funcionan muy bien, lo cual pone de manifiesto que suelen ser el resultado del condicionamiento que recibimos en los primeros años de nuestra domesticación.

Sin concienciación, podemos pasarnos toda la vida rodeados de esta cháchara caótica y basar nuestros actos y sentimientos en las opiniones, ideas y creencias de los demás, en vez de descubrir quiénes somos y qué queremos para nosotros en realidad. Por desgracia para algunos, este tipo de baile frenético al ritmo de los demás puede continuar hasta bien entrados los años de formación. Al final, intentar vivir de acuerdo con las expectativas de los demás puede resultar tan natural que ni siquiera se dan cuenta de que lo están haciendo. Piensan que así es la vida.

En el viaje de poder físico que emprendemos en Teo, analizamos el *mitote* en la primera parada, en un lugar que recibe el muy pertinente nombre de Mar del Infierno. Es el comienzo del camino hacia el despertar del miedo y hacia el amor y la aceptación.

El Mar del Infierno

El Mar del Infierno está situado en la Plaza de Quetzalcóatl, una zona grande y abierta en frente de la pirámide de Quetzalcóatl en el extremo sur de la Avenida de los Muertos. En nuestros viajes de poder físico a Teo, recorremos esta avenida a lo largo de varios días de rituales y ceremonias antes de llegar a nuestro destino definitivo: la Pirámide del Sol.

El centro de esta plaza se llama Mar del Infierno porque representa el Sueño del Planeta tal como lo conocemos ahora, construido por todos nuestros pequeños egos internos, que claman por hacerse con el control y la atención de los demás. Los egos de quienes nos precedieron han establecido todo tipo de reglas, juicios y acuerdos que, juntos, se suman a lo que llamamos nuestra cultura, o la realidad misma. Por supuesto, luego nos sumamos a ellos y seguimos los edictos de la sociedad casi de manera inconsciente. Al cabo de poco tiempo somos nosotros quienes intentamos controlarnos y manipularnos a nosotros y a los demás por temor a lo que pudiera suceder si no seguimos esas reglas. Así, permanecemos ajenos a la verdad de quién y qué somos.

Nuestros padres o cuidadores iniciaron este proceso casi siempre con buenas intenciones. Desde un buen comienzo, los adultos que nos amaron y cuidaron se dispusieron a compartir el conocimiento que creían que necesitábamos para sobrevivir. Querían enseñarnos ciertas reglas y creencias para que encajáramos. Querían domesticarnos a fin de que formáramos parte de la familia humana y sobreviviéramos y prosperáramos en ella.

Los problemas empiezan cuando la domesticación se confunde con las heridas emocionales de los demás. Por ejemplo, un acto de domesticación habitual y necesario es enseñar a los niños que el fuego es un peligro físico. Al fin y al cabo, los niños necesitan saber qué es seguro y qué no. Pondríamos a nuestros hijos en un grave peligro si no les enseñáramos que el fuego quema, asfixia, destruye. Por consiguiente, les hacemos entender este peligro desde una tierna edad, lo cual es positivo.

Sin embargo, luego está la otra capa de domesticación relacionada con el peligro psicológico en vez de con el físico. En el caso del fuego, pongamos por caso que de pequeño tu madre entró en el garaje y te encontró jugando con cerillas, situación comprensiblemente peligrosa. Tuvo un arranque de ira y miedo, enraizado en una herida emocional del pasado. Tal vez perdiera algo valioso o incluso a un ser querido en un incendio, o sus padres la asustaron si jugó con fuego en el pasado. Abrumada por la emoción, quizá te diera la impresión, o tal vez te lo dijera sin tapujos, que lo que estabas haciendo era «malo» o «incorrecto». Incluso puede que se sintiera con la obligación de asustarte para que entendieras el peligro real del fuego.

Como consecuencia de ello, quizá hayas ampliado este mensaje materno y hayas formado ciertas creencias basadas en el contexto de esta experiencia. Por ejemplo, cuando jugabas, quizá imaginaste que hacías un experimento científico o alimentabas tu curiosidad sobre la manera aparentemente mágica según la que las cerillas «crean» fuego. Pero dado que tu madre te regañó y te dijo que estaba mal, quizá hayas empezado a equiparar este tipo de curiosidad con una sensación de temor y vergüenza. Y esos sentimientos pueden haberte acompañado hasta la edad adulta. Ahora, cuando se te presenta una oportunidad de poner a prueba tu curiosidad, creatividad o capacidad para explorar, quizá te entre miedo, pero ni siquiera recuerdas o sabes por qué. Este tipo de emociones encontradas se producen a nivel del subconsciente y, como consecuencia de ello, tal vez empieces a perder la confianza en ti mismo y en tu criterio.

En mi libro anterior, *La maestría del yo*, cuento una historia sobre un niño que almuerza con su abuela. Con la buena intención y esfuerzo sincero para conseguir que el nieto se acabe la sopa del cuenco, le dice que desperdiciar comida es pecado. Al comienzo, el niño no quiere tomársela, pero como ella sigue insistiendo, transige y se acaba la sopa. Cuando termina, la abuela le recompensa diciéndole que es un niño bueno. No hay malicia detrás de este sistema de castigo/recompensa, pero, en su interior, el niño ha llegado a la conclusión de que no comerse todo lo que le ponen en el plato es pecado. Lo han domesticado para que acepte esa idea, por tanto, crece enfrentándose a cada comida a través del prisma de ese pacto. Esto provoca de forma involuntaria que suela comerse todo lo que tiene delante, aunque su estómago le diga que está lleno e incluso cuando comer en exceso le provoca malestar físico.

Estos dos ejemplos dejan claro que, cuando somos pequeños, escuchamos voces externas como la de nuestros padres y otros cuidadores, pero rápidamente se convierten en la nuestra. La domesticación se transforma en «autodomesticación». Tal como dice mi padre: «los humanos son las únicas criaturas del planeta que se domestican a sí mismas».

En cuanto el pacto se ha creado en nuestra mente, el domador original ya no necesita estar presente. Reforzamos nuestra autodomesticación desarrollando un diálogo interno. Por eso la domesticación es tan eficaz; en cuanto nos convencemos de una idea, ya no necesitamos que otros nos la refuercen.

A menudo, estas voces internas añaden una retahíla de creencias negativas a nuestra conversación interna constante. Algunas voces son específicas de cada persona, por supuesto, pero hay otras que resultan tan habituales que podemos ponerles nombres como el parásito, el juez y la víctima.

El parásito

La primera voz negativa, y a menudo la más ruidosa, de nuestra cabeza —que suele ser la encarnación de todas esas buenas intenciones del proceso de domesticación fallido— es lo que en la tradición tolteca se denomina «la voz del parásito». El parásito toma las experiencias de nuestro pasado y amplifica sus aspectos negativos de manera que los vuelve en tu contra en forma de autojuicio, autorechazo y otras formas de sufrimiento autoinfligido. Es el domador activo de nuestra vida.

En el Sueño del Planeta actual, el arma más potente del parásito es la idea que muchos de nosotros hemos llegado a aceptar de un modo u otro: que no somos suficiente. Al parásito le encanta repetir este mantra una y otra vez: «No eres lo bastante listo, no eres lo bastante atractivo, ni lo bastante rico, ni talentoso, ni creativo, ni lo bastante espiritual. No eres suficiente para justificar o merecer amor, aceptación o pertenencia». Es asombrosa la cantidad de seres humanos que se lo creen de uno u otro modo.

El parásito se alimenta de tu miedo psicológico. Utiliza tus experiencias pasadas, el juicio de los demás y cualquier otro recuerdo o emoción negativa que encuentre para mantenerte insignificante, obediente o cumplidor. El parásito es tu voz interna que te recuerda tus errores pasados. Es la voz que te convence de que, si muestras a los demás quién eres en realidad, no les gustarás, así que mejor que seas agradable y mantengas la boca cerrada y la cabeza gacha.

Es importante darse cuenta de que el parásito es una criatura con forma cambiante. Incluso después de que hayas empezado tu trabajo interno y estés realizando cambios positivos en tu vida, el parásito aparecerá a menudo de manera nueva e inesperada. Incluso el camino espiritual puede convertirse en una trampa que el parásito usa para controlarte y subestimarte. Por ejemplo, conozco a muchos miembros de la comunidad tolteca que ¡han caído en la trampa de creer que no son lo bastante buenos como guerreros toltecas!

Así pues, si bien al comienzo puede ser difícil reconocer cuándo tu motivación proviene del parásito en un momento dado, a base de tiempo y práctica aprenderás a detectarlo. Lo cierto es que cada vez que escuches una voz en tu interior que utiliza el miedo, la vergüenza, la culpabilidad —ni que sea de forma sutil— con la intención de influir en tus actos, es la voz del parásito.

Al igual que los parásitos físicos, el de tu mente se alimenta de su huésped. En este caso, el parásito se alimenta de tus experiencias traumáticas, de tus miedos domesticados y de los temores y negatividad de los demás. Si se le deja campar a sus anchas, consumirá tu energía y poder. Si la situación se agrava, incluso puede inmovilizarte. Es lo que sucede con las personas que llevan años viviendo infelices y frustradas, temerosas de esforzarse por lo que quieren de verdad y a menudo sin ni siquiera saber de qué se trata. El parásito de su mente se ha apoderado de su vida y la controla. Lo que podría haber sido un hermoso sueño se convierte en una pesadilla.

No obstante, hay buenas noticias. Puedes transformar la voz del parásito en una voz aliada. Para ello necesitas realizar un cambio monumental de percepción que tendrá como consecuencia emplear el amor incondicional en vez del miedo como fuerza motivadora en la vida. Sin duda se trata de un elemento importante para adueñarte de tu vida: aprender a sanar la mente con amor y aceptación. A través de esta labor y del viaje de poder que se describe en este libro, puedes convertir al parásito en tu aliado. Puedes enseñarle a prosperar en tu imaginación creativa y en el gozo en vez de alimentarse de sufrimiento y negatividad.

Para que esto se produzca, debes comprender las estrategias del parásito a fin de desafiar sus demandas y tomar decisiones distintas, aumentando así tu poder personal. El mero hecho de saber que el parásito existe y que se alimenta de tu energía negativa y temores de tu vida te ofrecerá nuevas perspectivas para combatir dicho temor y cambiar tu relación con él. Sabiendo cómo el parásito se comunica contigo y te controla, lo entenderás mejor.

El juez y la víctima

Las dos voces, o manifestaciones, del parásito son lo que la tradición tolteca denomina el juez y la víctima.

La mayoría de nosotros estamos familiarizados con la voz de nuestro juez interior, un maestro del autorechazo, que nos habla tanto con grandilocuencia como con disimulo. Por ejemplo, si cometes un pequeño error como olvidar una cita con un amigo, tu juez interior se aprestará a hacerte sentir culpable. «Menudo idiota estoy hecho. ¿Qué me pasa? ¿Cómo ha podido olvidárseme?» Estos son algunos ejemplos en los que no nos paramos demasiado a pensar, pero es importante que los consideremos ejemplos del juez interior.

Las formas más obvias de juzgarnos suelen ser más fáciles de detectar, pero cuestan de evitar porque están muy arraigadas en nuestro interior. Por ejemplo, si te divorcias o pierdes una relación querida, si «fracasas» en una profesión o trayectoria académica en concreto, o si tomaste decisiones importantes de joven que ahora lamentas pueden ser un terreno abonado para el autojuicio. «Nunca me recuperaré de este dolor. Nadie me amará porque no soy digno de ser amado. Nunca tendré un trabajo con el que pueda ganarme la vida. Mis sueños son inalcanzables. Soy un inútil.» Todos estos autojuicios pueden envenenarnos desde el interior.

Además, el juez tiene un público sin el que no podría existir. Y si bien la voz del juez es fácil de identificar porque seguramente ya has oído hablar de los peligros de este tipo de autojuicio implacable con anterioridad, tal vez no estés familiarizado con su equivalente: lo que los toltecas denominan la voz de la víctima. Aunque tu juez interior es la voz que descarga contra ti a la mínima, la víctima es la parte que escucha la voz del juez y considera que lo que dice es la verdad absoluta e inquebrantable. La víctima quizá guarde silencio cuando el juez se pronuncia, pero es la parte de tu persona que siente todas las emociones que crea el juez: culpabilidad, vergüenza, indignidad y, por supuesto, miedo.

Huelga decir que esto no significa que no haya situaciones en las que hayas sido una verdadera víctima, pero el objetivo es llegar a un lugar en el que el temor del pasado ya no te controle: un lugar en el que puedas pensar en el pasado sin que te abrumen emociones negativas que tengan la capacidad de ensombrecer el presente. Esto significa que tienes que reconocer tanto al juez como a la víctima de tu *mitote* interior. Puede ser uno de los trabajos más difíciles de llevar a cabo, pero tu libertad personal se encuentra justo al otro lado de ello.

A veces oyes la voz de la víctima en tu mente sin reconocer que el juez también está ahí.

Por ejemplo, la víctima puede hacer aflorar sentimientos dolorosos del pasado, lo cual te provoca frustración y desesperanza. «Siempre me pasa lo mismo. Nunca lo superaré.» En este caso, aunque ni siquiera lo notes, el juez también está presente, condenando nuestras acciones o inacciones en la situación en concreto, así como los actos del pasado. Entonces la víctima controla tus sentimientos y comportamiento en el presente alimentando la energía negativa del pasado.

Otro elemento que hay que observar sobre el juez interior y la víctima es que la deuda nunca se salda. En el mundo exterior, en los sistemas legales de casi todos los lugares de la tierra, en cuanto un proceso judicial se decide (o se cierra por parte del tribunal de mayor rango del territorio), el asunto queda zanjado. Quizá haya consecuencias o castigo, pero no más juicios. Sin embargo, en el tribunal que preside el juez interior no existe el veredicto definitivo. Incluso los casos más nimios pueden «repleitearse» hasta la saciedad y la víctima del interior continúa sintiendo el dolor de esos juicios una y otra vez.

Por ejemplo, si te pidiera ahora mismo que evocaras un recuerdo reciente de un momento en el que te sentiste profundamente avergonzado, cometiste un error u ofendiste a alguien que te importa, ¿te vendría a la cabeza? ¡Por supuesto que sí! Sin duda, después de recordar las circunstancias del suceso, incluso aunque haya sucedido hace años o décadas, oirás con claridad la voz de tu juez interior, clara y vívida. Incluso es probable que vuelvas a «sentir» la realidad emocional del suceso, que te suden las manos, que se te acelere el pulso o que sientas malestar en el estómago. Así es como trabajan juntos el juez y la víctima, ejerciendo una influencia enorme sobre tanto tu cuerpo como tu estado mental.

Triple juego

¿Y qué crea el parásito a través de las voces del juez y la víctima en tu interior cuando expresan sus opiniones? Miedo, por supuesto. No solo se alimentan de miedo; también le sacan ventaja.

Y este es el aspecto más nocivo de estas voces: cuando prestas atención al *mitote* el tiempo suficiente, empiezas a estar de acuerdo con ellas y a utilizar su cháchara inútil para forjar tu propia identidad. Con el tiempo, llegas a confundir estas ideas y creencias con tus verdades personales y las consideras parte de quien eres. Este fenómeno se produce tanto a nivel consciente como inconsciente. Cuando esto ocurre, quizá empieces a verte como un «fracasado» o alguien que «siempre tendrá miedo» por algo que te sucedió en el pasado. En vez de considerar estas opiniones como falsas creencias, las aceptas como verdades.

El guerrero tolteca se esfuerza por ver que ninguna de estas afirmaciones es cierta. No son más que acuerdos falsos que has aceptado para tapar la luz única, la energía del *nagual,* que se encuentra en el verdadero centro de quién eres. La sensación es real porque la sentimos, pero el desencadenante quizá no tenga nada de real.

No te mortifiques por ello, ¡es otra manifestación del juez y la víctima! Estos progresos internos son naturales y, la verdad, casi inevitables dentro del Sueño del Planeta actual. Y recordemos las buenas nuevas: en cuanto empieces a reconocer las voces del *mitote* —el juez y la víctima— tendrás una herramienta poderosa para controlar la concienciación. Puedes contemplar tu Mar del Infierno particular, el caótico torbellino de voces y juicios que te sigue a todas partes y puedes inhalar y exhalar. Puedes decir para tus adentros o incluso en voz alta: «Es mentira».

No obstante, antes de que te marches de la Plaza de Quetzalcóatl debes dar otro paso para despertar a la realidad de tu situación actual. El *mitote* es una pesadilla viviente de la que todos necesitamos un refugio temporal y un lugar donde descansar. Y eso es exactamente lo que analizaremos en el siguiente capítulo cuando tratemos sobre la Isla de la Seguridad, aunque ella también sea una ilusión.

〰〰〰〰〰〰〰〰〰〰〰〰〰〰〰〰〰〰〰〰〰〰〰

EJERCICIO: IDENTIFICA TU MITOTE

En este ejercicio elaborarás una lista en tu diario con las maneras como experimentas las voces de tu *mitote*. Intenta abordar el ejercicio como un científico que lleva a cabo una

investigación o un cartógrafo que mapea un nuevo territorio.
En vez de sumergirte de lleno en recuerdos que quizás asocies con las voces de tu parásito, juez o víctima, limítate a hacer una lista para seguir estudiando. Más adelante volveremos
a esta lista.

Hay muchas maneras de abordar el ejercicio. Aquí tienes
unos cuantos apuntes para empezar si te sientes bloqueado.
Formúlate las siguientes preguntas:

- ¿De qué maneras experimento comentarios internos negativos sobre mi cuerpo? Ejemplos: pienso que tengo la
  nariz demasiado grande, o que soy demasiado bajo o
  que tengo sobrepeso.

- ¿De qué manera experimento comentarios internos
  negativos sobre mis relaciones presentes o pasadas (o
  sobre el hecho de no tenerlas)? Aquí se incluyen a familiares, amigos y relaciones íntimas.

- ¿De qué manera experimento comentarios internos negativos sobre mi trayectoria profesional o mi economía?

Acto seguido, plantéate cuáles son las experiencias más
traumáticas o adversas más significativas de tu vida. Por
ejemplo:

- Perdí a una persona muy cercana.
- Sufrí abusos físicos/mentales/emocionales/sexuales.
- Me comporté de un modo que lamento e hice daño a otra persona.

No hace falta que incluyas todos los ejemplos, solo los que te vengan a la mente de inmediato, los que te hayan marcado. Soy consciente de que hacer una lista de experiencias adversas o traumáticas puede hacer aflorar emociones negativas, aunque las abordes con curiosidad. Pero recuerda la meditación de aceptación radical que realizaste en el capítulo anterior. Todo lo que ha ocurrido en tu vida te ha llevado a este momento. Mientras confeccionas la lista, recuerda que uno de los objetivos de la maestría de la vida es ser capaz de revisar mentalmente estos ejemplos sin experimentar emociones negativas. Al hacerlo, te liberas de esos sucesos y es natural que sea un proceso que lleva su tiempo.

Cuando observes la lista, ya verás que este autoanálisis (que casi siempre está basado en ideas domesticadas que has aceptado), combinado con las experiencias traumáticas y adversas se han utilizado para crear parte de tu identidad. Plantéate cómo contribuyen a la idea que tienes en mente acerca de ti.

¿Esa identidad es verdadera? ¿Es realmente quién eres? ¿Te gustaría librarte de los elementos de esta lista y experimentarte de otro modo? Estos son los interrogantes que debes plantearte a medida que avanzas en este viaje.

Por último, si oyes a tu parásito interno hablando a voz en grito mientras examinas la lista, vuelve a realizar la meditación de autoaceptación que hiciste en el capítulo anterior.

3

La Isla de la Seguridad

Tengo una amiga que se pasó el penúltimo año de carrera en un país extranjero cuya lengua apenas hablaba cuando llegó. Después de unos tres meses de inmersión en la historia, el arte y el idioma del lugar, se enamoró de un chico de allí. Cuando me describió esta relación más adelante, me dijo que sentía como si por primera vez en su vida se hubiera enamorado como ella era en realidad. Y consideraba que, a su vez, el joven se había enamorado de ella en tanto que persona que ya no llevaba las máscaras que llevaba normalmente.

Mi amiga siempre había sido muy lista y buena estudiante. Podía meter baza en prácticamente cualquier tema de conversación. En aquel momento de su vida, la idea que tenía de ella misma como persona inteligente, fuerte y capaz de convencer a otros formaba parte de su identidad, lo tenía perfectamente integrado. Ella creía ser esa persona. Pero al hablar una lengua extranjera, ya no podía recurrir a vocabulario y estructuras gramaticales complejas. Le costaba transmitir la sutilidad, el humor o el sarcasmo. No podía ocultar sus sentimientos ni distanciarse de sus querencias y deseos. Se volvió directa, sencilla y libre de una manera que nunca había imaginado. Se comunicaba con una franqueza en el cuerpo y en el rostro completamente distinta de cómo se había comunicado en su lengua materna. De hecho, cuando su madre fue a visitarla, se sorprendió al ver el cambio de su hija. En el contexto de su segundo idioma, mi amiga era una persona distinta. Incluso después de que su relación acabara de forma amistosa, siempre retuvo una idea expandida de su identidad, más amplia de lo que había creído.

Aquella fue una experiencia afortunada, involuntaria de mi amiga que la llevó a aprender un par de lecciones importantes. La primera es que somos personas distintas en contextos distintos. Nuestra forma de pensar, nuestras creencias, la manera de expresarnos y cómo forjamos nuestra identidad depende de nuestra perspectiva y de la colaboración con los demás. Nuestra familia, nuestra educación y el contexto cultural en el que nos encontramos influyen en nuestro comportamiento.

Pero hay otra verdad oculta en la historia de mi amiga.

El poder de la ilusión

En el último capítulo hablamos de cómo la idea que tenemos de nosotros mismos en nuestra mente se forma en parte a través de nuestros miedos y domesticaciones individuales tal como los expresa nuestro *mitote* interno en nuestro Mar del Infierno particular. Sin embargo, en el ejemplo anterior hemos visto que nuestra identidad también se forma a partir de las actividades y ámbitos en los que sobresalimos. En el caso de mi amiga, su sentido de identidad, antes de su experiencia en el extranjero, estaba profundamente marcado por la idea de ser inteligente, segura y bien educada.

No obstante, uno de los mayores retos a los que nos enfrentamos a lo largo del camino para alcanzar la maestría de la vida es analizar todas las maneras según las que creamos nuestra identidad. Ello se debe a que, de hecho, los aspectos positivos y negativos de esas identidades son dos caras de la misma moneda. En realidad, buscar consuelo en una identidad basada en los rasgos que consideras positivos o «buenos» es una trampa porque, al hacerlo, buscas la seguridad en una ilusión. La idea de «ilusión» en el sentido tolteca quizá te resulte nueva. La tradición tolteca nos enseña que, aunque tu identidad personal —lo que denominamos el «yo menor»— parece muy sólida, lo cierto es que no es más que una historia que creas y te cuentas. No es real. Al igual que las creencias que albergas y los acuerdos a los que llegas, «tu» historia no existe en el mundo exterior, solo existe en tu mente. Confundir esa historia con quién eres en realidad no es el camino hacia la libertad personal, sino que te aboca al sufrimiento continuo. Tal como verás a medida que avancemos juntos en este viaje, la mayor parte del miedo psicológico que sientas puede atribuirse a esta falsa identidad o a la historia que te has contado sobre ti mismo. Por eso, dejar ir esa identidad resulta clave para que el miedo no te domine.

Otras tradiciones espirituales presentan enseñanzas similares. En el budismo, uno de los conceptos fundamentales es *anatta*, que suele traducirse como el «no yo». Los *upanishads* hindúes nos enseñan que aquello a lo que comúnmente nos referimos como el ego es una ilusión de la mente. Las tradiciones más místicas de las religiones abrahámicas (cristiandad, judaísmo e islam) propugnan ideas similares. En conjunto, todas apuntan a la noción de que la idea de nosotros mismos, aquello que solemos denominar «ego», no es sólida. Tener fe en esta ilusión conlleva sufrimiento, no liberación.

Quizá sea un concepto difícil de entender, pero volveremos a hablar de su importancia a lo largo del libro.

Historias falsas

En nuestro viaje por Teotihuacán, la Plaza de Quetzalcóatl representa simbólicamente el lugar donde creas tu identidad, tu historia de tu yo. Tal como vimos en el último capítulo, este gran patio abierto situado delante de la pirámide de Quetzalcóatl alberga el turbulento Mar del Infierno que es el *mitote:* la cacofonía de voces de tu mente que reclaman tu atención y que incluyen al parásito, el juez y la víctima. Pero en el centro de esta plaza, entre la entrada y la pirámide, se encuentra una pequeña plataforma elevada que los toltecas denominan la Isla de la Seguridad. Esta plataforma es la representación física del lugar en el que buscas refugio de las voces de tu Mar del Infierno metafórico: donde empiezas a desarrollar mecanismos de defensa como respuesta a lo que sucede a tu alrededor.

La Isla de la Seguridad es el lugar donde, en tus años de formación, decides qué voces del *mitote* escucharás y cuáles no. Es donde estableces acuerdos basados en las creencias, normas y domesticaciones que te han enseñado. También es el lugar en el que incorporas todos tus aspectos positivos en tu identidad, los rasgos de tu personalidad que te gustan, las actividades y habilidades en las que sobresales, tus logros, etc. Todo ello se combina en la Isla de la Seguridad para definir la idea que tienes de ti.

En comparación con el Mar del Infierno, esta isla ofrece un respiro del *mitote* y da sensación de libertad y seguridad. Pero la tradición tolteca enseña que esta sensación de seguridad también es una ilusión. Ahí no hay libertad verdadera.

Muchos de nosotros, por ejemplo, vinculamos nuestra identidad a nuestra profesión, nuestros bienes materiales, nuestra inteligencia, nuestra belleza física, nuestra filiación social o política o incluso nuestra espiritualidad. En la mayoría de los casos, nos identificamos sobre todo con unos cuantos rasgos dominantes y luego elegimos por conveniencia los aspectos positivos que nos parecen especialmente importantes: «Soy buen padre. Tengo éxito a nivel profesional. Soy un ciudadano ejemplar».

A muchos de nosotros nos han enseñado a apuntalar nuestra autoestima y autorespeto desarrollando estos «rasgos positivos» hasta convertirlos en historias falsas que pasan a formar parte de nuestra identidad. Precisamente, buena parte del movimiento de autoayuda actual alienta este proceso. Si bien a grandes rasgos es mejor que la alternativa del autodesprecio y la baja autoestima, para alcanzar la maestría tienes que ir más allá.

El objetivo del viaje que te permitirá la maestría es ver dónde has invertido más de la cuenta en esas buenas cualidades o logros hasta el punto de que hayan pasado a formar parte de tu identidad. Cuando empiezas a creer en esas historias falsas, te estás creando una trampa futura al condicionar la aceptación que tienes de ti mismo. Empiezas a pensar que solo eres válido si sigues sobresaliendo en esos aspectos positivos en el futuro. Esto no es libertad.

Que quede claro que el camino tolteca no te pide que abandones tus mejores cualidades o que dejes de hacer lo que te hace feliz. Lo que te pide es que te despojes del sentido de identidad que has basado en esas historias falsas. La diferencia puede ser muy sutil. Pero tu verdadero valor —como expresión indistinta y única de la energía *nagual*— no puede ni desarrollarse ni derribarse. Es perfecta tal como es, lo cual significa que eres perfecto tal como eres.

¿Cómo distinguir cuándo has invertido más de la cuenta en un rasgo o actividad positivos? Un buen indicador es cuando empiezas a sentirte superior a los demás por ello. Por ejemplo, ¿te has encontrado alguna vez en una situación en la que sentías que tu capacidad intelectual, o tu trayectoria profesional, o tus posesiones materiales, o tu situación sentimental te hacía «mejor» o «más importante» que otra persona? En ese momento, te has identificado en exceso con esa buena cualidad o logro hasta el punto de convertirla en una historia falsa que ha enturbiado tu percepción.

Suele ser fácil de ver en el caso del trabajo y la trayectoria profesional. La sociedad enseña —y a muchos de nosotros se nos domestica con esa idea— que el trabajo que uno tiene hace que una persona sea más importante que otra. Por ejemplo, el presidente de un país puede ser percibido como «más importante» que el conserje que le limpia el despacho. Obviamente, las tareas que implica ser presidente afectan a más personas y tal vez requieran más horas de dedicación. Pero eso no convierte al individuo en alguien «más importante». Comprender la diferencia resulta clave porque parte de la maestría de la vida es reconocer que todas las personas de este planeta tienen el mismo valor, que todos formamos parte del *nagual*. Pensar que eres mejor que otra persona es tan falso y perjudicial como cuando el parásito de tu interior te dice que eres peor que alguien.

Además, cuando te consideras mejor o peor que otros debido a algún logro externo, caes en la trampa de la comparación o la competencia. Es un círculo vicioso, un juego que no puede ganarse porque el éxito o el fracaso vinculado a este logro o recompensa externos se convierte en una condición para tu aceptación.

Siempre que basas tu identidad en esas buenas cualidades, inevitablemente te estás comparando y/o compitiendo contra los demás, porque la mera idea de «sobresalir» en algo implica que hay otros que lo hacen peor. Además, como el Sueño del Planeta se basa en polaridades en constante cambio, nada dura para siempre e inevitablemente tendrás una decepción con los rasgos o logros con los que te has identificado.

Conozco a un hombre muy inteligente que tiene ochenta y pico de años. Vive en un centro de vida asistida al que, en broma, llama «la sala de espera de Dios». La residencia está situada en un barrio acomodado de la ciudad y en una ocasión me contó que a muchos de sus residentes les gusta hablar de tal opulencia y de lo importantes que fueron. Es decir, les encanta contar historias sobre sus trabajos, sus carreras o sus logros pasados. Así fue como él se fijó en hasta qué punto sus identidades estaban ligadas al pasado.

Entonces mi amigo me habló de una residente que nunca se refiere al pasado en esos términos. Está muy ocupada pintando, cuidando de sus plantas, dando paseos por la naturaleza, visitando a sus seres queridos y haciendo otras cosas que la hacen sentir viva en el momento actual. A diferencia de la mayoría, dice él, siempre parece tener un brillo especial en la mirada. De hecho, aunque esta mujer es mayor que él, le está enseñando a mantenerse joven.

Falsa seguridad

Hay otras maneras de intentar refugiarse en esta ilusión de seguridad, y para alcanzar la maestría de la vida debes analizar y darte cuenta de cuándo caes víctima de ellas. Por ejemplo, muchos de nosotros albergamos un profundo temor a perder algo o a alguien que amamos. Para aplacar ese miedo, seguimos todo tipo de reglas tácitas para intentar controlar a personas y situaciones a fin de evitarlo. Somos capaces de inventar un sinfín de situaciones condicionales: «Si evito correr riesgos en el trabajo, entonces no lo perderé y no decepcionaré a mi familia. Si conservo la misma talla que cuando me casé, entonces mi pareja no me dejará».

Algunas personas incluso se enfadan con dios cuando les arrebatan algo de forma inesperada. Quizá sientan que un pacto del que dependían se ha incumplido. «Lo hice todo bien, y aun así mi amor ha muerto o mi relación ha fracasado.» Esta pérdida puede parecer una traición cruel y personal, en vez de parte de las fluctuaciones naturales de la vida. La ira y el resentimiento ante el dolor son emociones humanas comprensibles, pero si, detrás de ellas, se encuentra la creencia de que, si cumples las normas, no te pasará nada «malo», entonces toda sensación de seguridad que obtengas por el hecho de cumplir las normas es una ilusión, simple y llanamente. Es más habitual de lo que parece, incluso para quienes llevan haciendo un trabajo personal interno desde hace años.

De hecho, si bien puedes y debes proteger tu cuerpo y a tus seres queridos con hábitos como abrocharse el cinturón de seguridad o hacerse pruebas periódicas de detección del cáncer, la realidad es que esos cambios son imposibles de predecir, incluidas las pérdidas, que la vida te pondrá por delante.

Otra manera similar con la que intentamos crear seguridad y evitar pérdidas es intentando predecir y controlar acontecimientos futuros o a otras personas. Muchos de nosotros pasamos cierto tiempo (o mucho) devanando escenarios complejos de futuro en nuestra mente a fin de predecir lo que sucederá y adelantarnos a la situación. Es especialmente habitual en el ámbito financiero, en las relaciones y con respecto a la salud física. «Si tengo suficiente dinero, no me pasará nada malo. Si doy a mi pareja lo que quiere, mi relación durará. Si hago ejercicio y me alimento bien, no enfermaré.»

Insisto en que, si bien es bueno planificar el futuro en estos aspectos, tienes que aprender a reconocer cuándo has ido demasiado lejos e intentas controlar los resultados. Los guerreros toltecas saben que todos los intentos de control son ilusorios y que, al fin y al cabo, todos surgen del miedo, el miedo a que las historias que nos hemos creado se nos desmonten.

La buena noticia es que puedes aprender a reconocer este miedo psicológico y tomarlo como información útil. Así utilizarás el miedo como una herramienta eficaz que te muestra dónde eres propenso a pasar de una planificación razonable a intentar controlar tu mundo y sus resultados. A base de práctica, aprendes a librarte de la noción de que puedes y debes erigir un muro de seguridad para protegerte. Asimismo, reconocerás la diferencia entre hacer planes y cruzar la línea que supone intentar ejercer el control.

Rendición

En cuanto hayas reconocido que las historias falsas y la falsa sensación de seguridad que creaste en la Isla de la Seguridad son ilusorias, estarás listo para salir de la isla en busca de una mayor libertad personal. Cuando tomas la decisión de salir de la isla, te estás diciendo que estás listo para cuestionar las creencias que has adoptado sobre ti mismo y sobre el mundo. Estás preparado para cuestionar la idea de que tu identidad es inamovible y real, que es algo que define tu valía. Estás preparado para renunciar al control. Estás listo para rendirte.

En Teo, expresas esta disponibilidad dejando la Isla de la Seguridad y subiendo a lo alto de la pirámide de Quetzalcóatl. Al hacerlo, afirmas tu buena disposición para avanzar en el camino del guerrero tolteca, un camino hacia la autosuperación y la paz basada en el amor incondicional y en el hecho de librarse del miedo. Al dejar la isla, cruzar el Mar del Infierno y subir a la pirámide haces la primera rendición de tu viaje.

Es muy habitual, sobre todo en nuestra cultura actual, tener una concepción negativa de la rendición. Lo equiparamos a ceder o perder algo. En este caso, sin embargo, te rindes a la idea de que puedes controlar personas, lugares y situaciones. Estás entregando viejas creencias que son manifestaciones de control. Por ejemplo, ¿puedes empezar a librarte de la idea de que tu aspecto físico, inteligencia o simpatía son lo que te dan valor como persona? ¿Qué implicaría liberarse de las cosas que consideras que te mantienen a salvo? Con cada rendición de un viejo pacto no pierdes nada, sino que ganas: consigues espacio y abertura para que el potencial fluya con el poder de la vida en todo momento.

La maestría se consigue a base de práctica. A través de ella, aprendes a reconocer falsas historias —dónde y cuándo y por qué las creas— y luego a librarte de ellas. Al abordar los aspectos mentales, emocionales, físicos y espirituales subyacentes de tu persona (tanto los positivos como los negativos), aprendes a abordar la vida de otra manera. Aprendes a librarte de la falsa sensación de seguridad y del miedo psicológico y a vivir una vida basada en el amor incondicional. En esto consistirán las siguientes cinco etapas de nuestro viaje.

‹‹

EJERCICIO: LISTA DE IDENTIDADES

Al igual que en la anterior entrada del diario, en este ejercicio confeccionarás una lista. El objetivo consiste en aprender más de ti mismo y en cómo has forjado una identidad. Escribiendo con cierto desapego, haz una lista con los aspectos positivos o logros que empleas para determinar tu valía.

Aquí tienes unos ejemplos:

- Soy generosa y me gusta ayudar a los demás.
- Soy una persona muy creativa con ideas originales.
- Tengo muchos títulos académicos.
- He trabajado duro y he hecho sacrificios para convertirme en la persona de éxito que soy en la actualidad.
- Soy buen padre o madre, mis hijos son felices y sacan buenas notas.
- Soy profundamente espiritual.
- Soy una persona físicamente atractiva.

Cuando termines la lista, dedica algún tiempo a plantearte qué pasaría si sucediera algo que hiciera que te quedaras sin estos aspectos. ¿Hasta qué punto te identificas con estos rasgos? Fíjate en si has invertido más de la cuenta en ellos a la hora de forjar tu identidad. ¿Sientes que los necesitas para sentirte especial o completo? Recuerda: ya eres perfecto tal como eres, con o sin ellos.

EJERCICIO: DEJAR IR

La rendición resulta difícil y a veces es útil llevar a cabo una acción física que arraigue el cambio en tu corazón. Aquí es donde entra en juego el poder del ritual. Los rituales son una manera de concretizar ejercicios emocionales e intelectuales indicando al cuerpo y la mente que estás realizando un cambio holístico. Es un ejercicio sencillo, pero puede resultar increíblemente poderoso.

Para este ritual necesitarás una pequeña piedra, normal y corriente. No pases demasiado tiempo buscando la piedra «perfecta», cualquiera sirve. Basta con que te quepa bien en la palma de la mano.

Cuando hayas elegido la piedra, piensa en todo lo que has anotado en el diario, todos los elementos en los que basas tu identidad. Sujeta la piedra con fuerza en el puño e imagina que todas las entradas de la lista, tanto las positivas como las negativas, van a parar a la piedra. Deja que las emociones que surjan fluyan de ti a la piedra que tienes en la mano. Imagina que todos esos sentimientos, historias, mensajes y experiencias se vierten en la piedra y la llenan de tal manera que forman un retrato polifacético de los acuerdos que has hecho. No hay prisa, siente el proceso hasta que tengas la impresión de que la piedra ejemplifica por completo esos acuerdos y que estás preparado para soltarlos.

Cuando estés listo, lleva la piedra al exterior. Puede ser cualquier sitio, el patio de tu casa o el trozo de hierba más cercano que tengas. Si lo deseas, puedes ir a un lugar especial o sagrado en un entorno natural que te guste visitar. Dedica unos cuantos minutos a respirar hondo y centrarte con los pies bien plantados en el suelo. Di en voz alta o para tus adentros: «Estoy preparado para rendirme». Deja caer la piedra al suelo y aléjate de ella. No vuelvas la vista atrás. Sé consciente de que has dado un paso importante en el viaje hacia la libertad personal. Es el equivalente simbólico de ascender por la pirámide de Quetzalcóatl.

4

La Plaza de la Mente

Tengo una amiga que intentó mantenerse en forma durante
la pandemia de Covid-19 obligándose a hacer ejercicio en
casa. Un día se lesionó la cadera, pero la lesión no afectaba
demasiado a su vida diaria, por lo que no le dio mayor importancia. Pensó que se arreglaría sola. Sin embargo, al cabo
de una semana, sentía un dolor constante. El dolor era im-
predecible e invalidante y aparecía de repente sin relación
aparente con sus actividades. Empezaba a dar un paseo porque se sentía bien y a mitad del trayecto tenía que llamar a
un amigo para que la recogiera.

Al comienzo, ir al fisioterapeuta le parecía una experiencia humillante. Descubrió que tenía la cadera tan debi-
litada que no podía realizar buena parte de las acciones

básicas diarias de manera saludable: caminar, sentarse o estar de pie. Se le habían atrofiado los músculos de algunas zonas y había sobrecargado otros para compensar la lesión, lo cual le había hecho empeorar. Se enteró de que la cadera resulta esencial para todos y cada uno de los movimientos que implican todo el cuerpo. Aunque estaba desesperada por recuperar las carreras largas y la actividad física regular, tuvo que reducir sus actividades al mínimo posible. Se vio obligada a aprender a sostenerse sobre una pierna. Tuvo que aprender a reforzar los músculos del abdomen para sentarse en una silla. Para empezar a curarse, tuvo que aislar los movimientos por mínimos que fueran y encontrar la manera de realizarlos sin hacerse daño.

La historia de mi amiga plantea un buen interrogante. ¿Cómo curamos algo que está roto cuando no nos queda más remedio que seguir usándolo? Es lo que le sucedía a la cadera de mi amiga, pero también puede aplicarse a la mente. Tenemos la mente que tenemos, equipada con nuestros juicios, domesticaciones y traumas. La mente es el origen de nuestra percepción. Es donde las voces del *mitote* captan nuestra atención. Es donde formamos nuestra identidad. Nos hemos adaptado a todo ello, cojeando hacia adelante ocultando la disfunción de la mente y haciéndola funcionar. Pero si queremos encontrar la libertad verdadera, si tenemos la esperanza de volver a correr, debemos aprender a usar la mente de otra manera. Así pues, no es casualidad que la siguiente parada de nuestro viaje sea la Plaza de la Mente. En la tradición tolteca, la Plaza de la Mente también recibe el nombre de Plaza de la Tentación. Solemos pensar en la tentación como algo que está fuera de nosotros —ese premio dulce que vemos en el mostrador o las grandes letras fosforito del precio rebajado de un artículo que no necesitamos en realidad. Sin embargo, aunque fuerzas externas como esas puedan provocarnos ciertos sentimientos, la verdadera tentación existe ya en nuestra mente. Si no fuera así, esos factores externos no nos afectarían. Por eso, a fin de cambiar nuestro comportamiento, antes tenemos que analizar nuestro mundo interior.

A los antiguos toltecas les interesaba mucho el poder de la percepción y por ello estudiaron la mente humana. Se dieron cuenta de que la mente cuenta historias, o lo que denominaron «ensoñaciones», continuamente. Cuando una persona desconocida entra en un lugar, tu mente enseguida elabora todo tipo de juicios e historias sobre él o ella. La persona es atractiva o no. La persona parece agradable o desagradable. La persona parece tener un buen o un mal día. Por supuesto, las historias que hilvana la mente dependerán de tus experiencias pasadas y domesticaciones. Y, por supuesto, dependen de cómo el suceso se relaciona con la historia que te has montado para ti, tu identidad. Algunas de estas historias pueden ser bastante benévolas, pero otras, como algunas de las que analizaremos más adelante en este mismo capítulo, pueden ser nocivas. De todos modos, no es tan fácil salir de tu mente para tener una imagen más clara de la realidad. Tu mente es la única herramienta de percepción que tienes y no puedes interactuar con el mundo que te rodea sin ella.

Así pues, cuando empiezas un viaje hacia la libertad personal, el primer paso es reconocer que tus juicios e historias sobre la realidad no siempre son ciertos, porque los creas a través del filtro de tu mente. Cuando te das cuenta de que una historia es un cuento, empieza a perder el poder que tiene sobre ti. Es importante porque casi todos tus miedos psicológicos se basan en esas historias. En la tradición tolteca este proceso curativo se denomina «dominar la concienciación».

Dominar la concienciación

¿Has realizado alguna vez un trayecto habitual, tal vez del trabajo a casa, y al llegar después de conducir media hora o más te has dado cuenta de que casi no recuerdas el viaje? Quizá recuerdes parte de lo que has estado pensando, la historia de un audiolibro o una conversación que hayas mantenido por teléfono, pero no albergas ningún recuerdo acerca de cómo estaba el tráfico o si el tiempo ha cambiado. Por supuesto que has llegado a casa sano y salvo, por lo que sabes que tuviste cierto nivel de concienciación que te permitió conducir el coche y responder a las condiciones cambiantes del tráfico. ¿Cómo es posible?

Nuestros cuerpos tienen distintos niveles de conciencia, incluidas muchas funciones que no exigen la participación de la mente pensante. De hecho, buena parte del trabajo del organismo se produce sin órdenes conscientes (digestión, circulación sanguínea, regeneración celular, etc.). Si notáramos todas las reacciones químicas que se producen en las células, o todas las operaciones del sistema circulatorio, o cada aspecto de la digestión, sufriríamos un colapso mental. Estas sensaciones serían tan abrumadoras que no podríamos hacer nada más. A modo de defensa, hemos desarrollado la capacidad de emplear distintos niveles de conciencia dependiendo de las tareas.

Cuando comprendes que hay miles de funciones inconscientes que tu organismo realiza de forma constante, es más fácil aceptar que el cerebro funciona del mismo modo. Al igual que las células de tu organismo cumplen su cometido sin que seas consciente de ello, hay acciones que se producen en el subconsciente de las que no tienes constancia. Y, de hecho, este funcionamiento interno puede ser tan poderoso e importante como que el organismo bombee sangre o se cure de una enfermedad. Es decir, sería un error pensar que, solo porque no eres consciente de algo, no está pasando en tu interior.

El elemento más importante de la Plaza de la Mente es concienciarse de las ideas, creencias e historias que pasan por tu mente consciente, porque este funcionamiento subconsciente es el que te impulsa e influye en las historias que te cuentas y las decisiones que tomas como consecuencia de ello. Es posible que te hayas contado algunas historias durante tanto tiempo que se te haya olvidado que no son más que historias y quizá las confundas con hechos. Para librarte de ello, tienes que apropiarte de tu conciencia.

Así pues, ¿a qué me refiero exactamente al hablar de concienciación y en qué consiste la verdadera maestría de la concienciación?

Dominar la concienciación sirve para dos cosas: expandir tu capacidad de percepción y utilizar la información expandida para entender tu mente de otro modo. Esto se produce fijándose y pasando por estos cuatro niveles de concienciación:

Sensaciones físicas: En el primer nivel de conciencia, notas el flujo de información que llega a tus sentidos desde el exterior: la vista, el oído, el olfato, el gusto y el tacto. ¿Qué sensaciones notas en los músculos y en los huesos? Inspira y espira y nota las sensaciones de tu cuerpo al hacerlo. Fíjate en el movimiento de tu pecho, en el aire que entra y sale por la nariz y la boca, los sabores u olores del ambiente. Intenta tomarte unos cuantos instantes más para percibir la textura de los objetos cuando los coges. ¿Son ásperos o lisos? ¿El material se nota blando o duro? Sintoniza con tu cuerpo y toma nota de los dolores que has estado ignorando. No intentes arreglarlos, limítate a ser consciente de ellos.

Pensamientos y emociones: En este nivel de conciencia, empiezas a notar el flujo de información a través del sueño personal de tu mente. Toda la información pura que fluye hacia tus sentidos se procesa de acuerdo con este sueño. Sin embargo, a menudo olvidas este hecho. Estás adormecido con respecto a estos pensamientos y emociones, o dejas de sentir curiosidad por ellos. Hacer una pausa y fijarte en tus pensamientos quizá te ayude a crear una señal visual.

Por ejemplo, intenta esforzarte por comprobar tus emociones cada vez que cruzas el umbral de una puerta, o quizá cada vez que tomas un sorbo de agua. Otra opción es que pongas nombre a los pensamientos como «pensar», algo que suelen sugerir los maestros de meditación. Si puedes, intenta darte cuenta de cuándo te estancas en una cadena de pensamientos y limítate a decir (en voz alta en la medida de lo posible): «pensar». Así eres más consciente de que tú no eres tus pensamientos.

Reacciones e historias. En este nivel de conciencia, empiezas a darte cuenta del marco más amplio a través del que interpretas tus pensamientos y emociones, puesto que son tus compañeros inseparables. A través del dominio de la concienciación, empiezas a darte cuenta de las reacciones que tienes ante los demás y las historias que te cuentas. En este último caso, empiezas a descubrir si estas historias son realmente ciertas para ti. Es el primer paso para aprender a vivir la vida como una obra de arte, por decisión propia en vez de por repetición. Dedica cierto tiempo (un día a la semana) a anotar distintos hábitos en el diario. Realiza actividades que no difieran mucho del mapa que ya has hecho con respecto a tus procesos internos. Quizá ya hayas notado que unas cuantas de estas historias internas aparecen de forma regular.

Perspectiva única. Es el nivel de conciencia que alberga tu visión siempre cambiante de todo lo que hay en tu interior y en el mundo exterior. Reforzando este nivel de concienciación, aumentas tu capacidad de cambiar tu forma de ver las cosas, a probar distintos contextos y a captar una verdad más profunda en la paradoja y en lo desconocido. Te alzas como un águila y consigues una mayor amplitud de miras. Si bien puede resultar un nivel de concienciación difícil de practicar, tiende a surgir de forma orgánica a partir del desarrollo de los niveles descritos más arriba.

De hecho, cada uno de estos niveles de concienciación se basa en el anterior. Cuando conectas con tu cuerpo físico, tu respiración y tus sentidos, también empiezas a darte cuenta de tus pensamientos y emociones. Observándolos y comprendiéndolos, empiezas a fijarte en las historias que te cuentas y averiguas de dónde salen, lo cual te permite desafiar y cambiar tus reacciones habituales y las historias que te impiden crecer. Cuando sales de la zona de confort de estas historias, descubres un mundo nuevo de perspectiva, comprensión y conocimiento.

Por supuesto, este viaje nunca termina. La domesticación es sutil y astuta, y algunos de tus hábitos se formaron hace mucho tiempo. Quizá te veas apartado del camino a la fuerza. Quizá cambies de punto de vista en el futuro. No olvides que esta labor gira en espiral por naturaleza, irás circulando una y otra vez por cada uno de estos niveles de concienciación, añadiendo una mayor profundidad y complejidad a cada paso.

Cuando eres más consciente, los pensamientos y creencias de tu inconsciente pueden trasladarse al plano consciente. Así podrás librarte de viejos patrones con determinación. Por consiguiente, esta concienciación más profunda puede provocar cambios en tu comportamiento, que quizá noten los demás antes que tú. Por ejemplo, tengo un amigo que, al cabo de unos meses de haber iniciado este trabajo interior, volvió a su ciudad natal a visitar a su familia. Una noche, durante la cena, su hermana volcó una copa y vertió el contenido encima de mi amigo. Él se lo tomó a risa y enseguida cogió una servilleta para limpiar el desaguisado. Al hacerlo, alzó la vista y vio que todos lo miraban con expresión temerosa. «¿Qué ocurre?», les preguntó. Le explicaron que «su viejo él» habría perdido la compostura y habría reaccionado de un modo desagradable ante una situación como aquella. La familia de mi amigo había percibido el cambio antes que él.

Es decir, sabrás que estás avanzando en el dominio de tu concienciación cuando respondas de un modo distinto a situaciones conocidas y a las antiguas tentaciones de tu mente. Por supuesto, de vez en cuando te verás arrastrado por miedos psicológicos, porque el Sueño del Planeta está plagado de trampas emocionales. Pero a través de la concienciación, puedes aprender a levantarte de cualquier caída y ganar en sabiduría. Este viaje es lento. El control se obtiene a través de la disciplina regular de levantarse una y otra vez. El guerrero nace a través de la acción.

Hay muchas otras herramientas bien conocidas para reforzar la concienciación, como la meditación, el *mindfulness*, las técnicas de respiración, los ejercicios de reflexión, llevar un diario, etc. Seguiremos abordándolos a lo largo del libro. Ahora quiero presentarte una manera de reforzar la concienciación que quizá te resulte nueva.

Ver la historia

Una de las herramientas más poderosas para reforzar la concienciación implica advertir todos los mecanismos que tu mente utiliza para contar historias. Nuestra mente es experta en contar historias, pero pocas veces somos conscientes de las historias que nos contamos a nosotros mismos y a los demás. Es como el funcionamiento automático de nuestros órganos: el corazón bombea sangre, los riñones eliminan las toxinas del organismo y la mente cuenta historias. El contraste está en que, a diferencia de estas funciones fisiológicas, algunas de las historias que nuestra mente hilvana pueden resultar de escasa utilidad, incluso dañinas para nuestro bienestar general. Cuando somos conscientes de las historias que nos contamos a nosotros mismos y a los demás, vemos qué aportan a nuestra identidad. A base de práctica, empezamos a ver las historias como lo que son, historias, y no la verdad definitiva. Entonces tenemos opciones: podemos librarnos de ellas o reescribirlas de forma consciente.

Pero no podemos reescribir ni librarnos de estas historias hasta que no escuchemos lo que contienen en realidad. Hasta ese momento no podemos repasar los detalles de las historias y empezar a comprender por qué nos resultan tan convincentes. Y solo entonces somos capaces de distinguir lo que nos conecta a ellas.

El otro día un amigo vino a mi casa asustado y enojado. Una colega le había escrito un mensaje de correo electrónico que parecía indicar que estaba perdiendo fe en su capacidad, insultándole y poniendo en duda su talento. Le pregunté por lo que el mensaje decía realmente y me lo leyó. En el mismo, su colega explicaba de forma sucinta que se había comprometido a trabajar más de lo que podía y que necesitaba retirarse de un proyecto que era importante para mi amigo. Decía que conocía a alguien brillante que podía ayudarle y que ya había comprobado la disponibilidad de tal persona. Aquel hombre podía empezar a trabajar en el proyecto de forma inmediata.

Eso era todo.

Ni insultos, ni cuestionamiento de su talento, ni pérdida de fe en él o en su proyecto. No obstante, mi amigo tenía una historia minuciosa en su cabeza. Ella no cree que el proyecto sea lo bastante bueno. Ella no confía en mí ni me respeta. Me está endosando a otro e intenta sabotear mis esfuerzos. Pero nada de todo eso aparecía en el mensaje de correo. ¿Cómo era posible? Mi amigo filtró las palabras de su colega a través de su historia pasada, sus propias inseguridades y su profundo temor al fracaso. En este caso, el parásito controlaba la narrativa.

Hablamos de la situación y, con un poco de concienciación, se dio cuenta de que tenía el corazón acelerado y que respiraba de forma superficial. Se percató de que su enfado era irracional y reconoció que, en su caso, esa emoción solía enmascarar el miedo. Le recordé que, en el pasado, me había contado que a veces caía en la trampa de sabotearse a sí mismo si consideraba que los demás no confiaban en él ni le respetaban. Cuando fue consciente de todos estos antecedentes, mi amigo pudo contar una historia nueva sobre el mensaje de su colega. Fue capaz de sentirse agradecido por su sinceridad sobre lo que podía aportar y lo que no en ese momento. Se dio cuenta de que ni siquiera tenía que tomarse su decisión como algo personal ni hacer otras suposiciones. Y podía agradecer que le recomendara a un nuevo colaborador, además de saber que seguía contando con el apoyo de ella.

El poder del jaguar

En mi tradición, solemos comparar la concienciación de un guerrero tolteca con el poder simbólico del jaguar. Oriundo de lo que ahora es México, este cazador elegante y musculoso puede enseñarnos mucho sobre cómo conectar con nuestros sentidos y activar nuestro cuerpo emocional. El jaguar acecha en silencio y capta sonidos, patrones, movimientos y olores. Se centra en lo que tiene más cerca y en todo su entorno a la vez, con el cuerpo relajado y dispuesto. Percibe los cambios o las novedades. Cuando su presa aparece en su campo de visión, entra en acción de forma potente y decisiva. No sabe cuál será el resultado, pero se entrega en su totalidad.

Por consiguiente, el jaguar es un buen ejemplo para practicar la concienciación. En este caso, la presa son las viejas historias y acuerdos que entorpecen tu camino hacia la libertad personal. Lo que tú cazas son los pensamientos, actos y creencias que mantienen vivas y reales estas historias poco beneficiosas. Imagínate como el jaguar de tu mente. Despiértate por la mañana preparado para la caza. Quizá resulte útil decidir qué acechar un día determinado, tal vez las charlas con uno mismo negativas sobre el miedo al fracaso. O tal vez estés al acecho de algo que desees en mayor cantidad, como la alegría o el descanso.

¿Cómo se presenta esto a lo largo del día? Tal vez te mires en el espejo y la vista se te vaya enseguida a alguna parte del cuerpo que consideras defectuosa. El jaguar se despierta en ese momento y aguza el oído para ver qué pasa a continuación. Tu *mitote* entra en acción. «No debería estar así. Si estuviera realmente preparado, no me importaría el aspecto que tengo.» Entonces el jaguar, tu guerrero interno, entra en liza y empieza a desafiar los acuerdos que condujeron a estos pensamientos. Ha escuchado las palabras «debería», «no me importaría»

—indicios claros del pensamiento parasitario. «¿Qué está pasando ahora? —ruge—. ¿Qué sientes realmente?»

Conectas con tu cuerpo —no con el reflejo del espejo sino con tu carne y tus huesos. Lo que sientas ahí —dolor, calidez, hormigueo— es cien veces más auténtico que las voces de tu interior. Ahora tienes la oportunidad de cambiar la narrativa del interior de tu mente. «Mi cuerpo tiene hambre, o sea que voy a tomar un desayuno nutritivo. Me siento indolente, así que voy a regalarme un paseo al aire libre». A lo largo del día sigues acechando tu charla interior negativa, atento a los «debería». Eres implacable pero cariñoso. Recuerda: la voz del parásito no se amilana cuando se enfrenta a otra voz dura o crítica porque es más de lo mismo. Pero al final acabará cediendo ante una voz que sea implacablemente cariñosa, amable y dulce.

Ahora mismo puedes hacerlo con cualquier aspecto de tu sueño personal. Es importante recordar que esto, al igual que muchos otros ejercicios y acciones de este libro, es una práctica constante. Por ejemplo, recientemente descubrí que me aferraba de manera obsesiva a pensamientos acerca de algunos de los objetivos que tengo para el futuro próximo. Por supuesto que puede ser positivo planificar y marcarse objetivos y trabajo para la consecución de un sueño. Pero en este caso, mi jaguar interior advirtió que algo no iba bien.

Tenía pensamientos repetitivos. Y mi parásito había entrado en la conversación con sutileza, insinuando falsas promesas. «Hasta que por fin tengas X, no te sentirás Y y sabrás que eres digno de Z.»

«¿Por qué tienes tanto interés en alcanzar este objetivo?», siseaba de forma instintiva mi jaguar, desafiando a mis voces internas. «¿Este anhelo es fruto de un deseo genuino o de un temor? ¿Cuánto tiempo perseguirás una zanahoria colgada de un palo con tanto ahínco, ajeno al paisaje de oportunidades que te rodea en todo momento? ¿Por qué relacionas tu valía y tu felicidad a algún resultado futuro, en vez de encontrarla ahora, en el presente, el único momento que realmente existe?»

Cuando me cuestioné de este modo, mi jaguar interno pudo guiarme de vuelta al *nagual* de mi interior y recordarme que todo es perfecto tal como es. Me volví a centrar y me liberé de la necesidad de conseguir ese objetivo. Si lo consigo, pues muy bien; si no, pues muy bien también.

En los capítulos siguientes analizaremos la práctica de la concienciación y la transformación a través del prisma de cada uno de los cuatro elementos, siguiendo el sendero que recorre las Plazas del Agua, el Aire, el Fuego y la Tierra. El hecho de desplazarse por estos elementos, y los estados internos y procesos externos que simbolizan pueden ayudarte a restaurar una relación sana entre la mente y el cuerpo. Cuando reina la armonía entre la mente y el corazón, el resto de las relaciones tienen el potencial de ser también armoniosas.

∞∞∞

EJERCICIO: PASEO DE CONCIENCIACIÓN

Un modo excelente de empezar a demostrar la fuerza de tus músculos de concienciación es dando paseos con regularidad en un entorno natural. Un lugar relativamente tranquilo como el parque de una ciudad o provincia lleno de flora y fauna resulta ideal, pero si no tienes ninguno cerca, cualquier calle del barrio que sea tranquila va bien. No te preocupes demasiado sobre la ubicación. Tengo un amigo que pasea de forma habitual por un parque arbolado cercano que le brinda la posibilidad de practicar la contemplación en paz, aunque esté situado justo al lado del aeropuerto de la ciudad. La idea es encontrar una zona donde puedas respirar y absorber el mundo que te rodea a través de los sentidos. El paseo puede ser tan corto como cinco o diez minutos o lo largo que desees.

Antes de empezar a caminar, determina la intención. Respira hondo unas cuantas veces e intenta liberarte de las preocupaciones sobre el futuro o pensamientos recurrentes sobre el pasado. Permanece exclusivamente en el presente. Intenta mantener la sensación de concienciación lo más abierta posible. Al comienzo quizá te cueste y tal vez sientas que los pensamientos vienen a ti al igual que en las etapas iniciales de la práctica de la meditación. No te mortifiques si es el caso, vuelve a centrar la atención en el presente y en las sensaciones de tu cuerpo al interactuar con el mundo que te rodea: los aromas y sabores del aire, la sensación de la brisa en tu piel, los músculos del cuerpo mientras avanzas, el peso de las manos al final de los brazos, los sonidos de las aves, aviones, otras personas.

Si te resulta útil, puedes asignar una sensación específica a la que regresar cuando tu mente se disperse. Por ejemplo, cada vez que percibas que has dejado el presente y que has dejado de ser plenamente consciente del entorno, céntrate en la planta de los pies a medida que avanzas por el terreno.

Recuerda: esta concienciación no tiene por objetivo emitir ningún tipo de juicio. Si percibes un mal olor al pasar junto a un contenedor de basuras o un lago estancado, por ejemplo, intenta ver si reaccionas con una historia: «¡Apuesto a que hace semanas que no recogen las basuras! ¡El programa de recogida de basuras de la ciudad es un desastre!», en vez de seguir observando y continuar tu camino.

EJERCICIO: ACALLAR LA MENTE QUE CUENTA HISTORIAS

Este ejercicio puede ayudar a ampliar tu concienciación física en fase de expansión hacia el ámbito de la mente y profundizar luego en las historias y creencias que se han convertido en habituales para ti a lo largo de los años. Es incluso más fácil distraerse al realizar este trabajo. El *mitote* trabaja duro para despistarte con sus muchas voces, por lo que hay que tener práctica para ver qué historias se cuentan y descubrir su origen. El objetivo es desarrollar y reforzar la concienciación de tu yo interno para que puedas aplicar tu criterio ante distintas situaciones de manera más consciente.

Para este ejercicio, necesitarás las listas que confeccionaste en el diario al final del capítulo 2. Escoge uno de los ejemplos que anotaste de autocharla negativa. Primero, dale vueltas en tu cabeza para ver si puedes centrarte en la historia específica que hay detrás. Por ejemplo, toma este mensaje del parásito tan habitual por desgracia: «No soy una persona atractiva». Entonces plantéate el colofón más concreto: «soy demasiado gordo/flaco, demasiado alto/bajo, tengo imperfecciones en la piel, los dientes torcidos, etc.». A continuación, determina alguna de las historias que te estás contando relacionadas con este mensaje: «Nunca seré lo bastante guapa/o para encontrar pareja estable. No me merezco el amor porque nadie querría mirarme tal y como soy. Las personas atractivas lo tienen más fácil en la vida que yo. Sería feliz si fuera más delgado/alto/tuviera mejor piel/pelo/rasgos».

Acto seguido, dedica algún tiempo a revisar la lista que confeccionaste al final del capítulo 3 en las que dejaste constancia de los rasgos positivos y logros de tu vida que has empleado para forjar tu identidad. Céntrate en las historias con los que las relacionas. Por ejemplo, a lo mejor tienes algo así en la lista: «Soy una persona espiritual». En este caso, la historia que cuentas podría ser: «Soy mejor que los demás porque estoy en una vía espiritual».

En cuanto hayas identificado una o incluso varias historias relacionadas con los mensajes elegidos, mira a ver si eres capaz de identificar unas cuantas veces en tu vida en la que hayas sido domesticado con esa historia. Si no consigues pensar en un momento concreto, no pasa nada. El trabajo que estás realizando con este ejercicio se centra más en ver la historia tal y como es y en ser consciente de cómo funciona tu mente.

Por último, dedica algún tiempo a la historia e intenta verla como lo que es: una historia. No es un hecho de la vida real; es un constructo, una creencia. Puedes decidir si aceptarla o rechazarla cada vez que se cuenta. Permítete rechazar esta historia y, al mismo tiempo, perdónate por haberla aceptado desde un buen comienzo. Imagínate rodeado de una gran luz dorada, la luz del amor incondicional. Esta luz te circunda en todo momento. Lo único que tienes que hacer es ser consciente de ella.

EJERCICIO: SÍ Y NO

Este ejercicio te ayuda a analizar con más profundidad cómo y cuándo aceptas o rechazas situaciones. La tradición tolteca reconoce que todos somos los artistas de nuestra vida. Cada vez que decimos «sí» se crea algo; cada vez que decimos «no», hay algo que no se crea. A menudo olvidamos el poder que tenemos en cada momento al tomar una decisión y, por el contrario, nos quedamos estancados en hábitos automáticos.

¿Sabes cuándo aceptas algo y cuándo lo rechazas? ¿Con qué frecuencia te paras a preguntarte: «¿De verdad quiero decir sí a esto ahora?». Para empezar, puedes ponerlo en práctica para decisiones y hábitos aparentemente pequeños e insignificantes. «¿De verdad quiero utilizar la mano con la que soy más hábil para la mayoría de las cosas, o debería intentar reforzar la otra mano con esta tarea?» «¿Quiero tomar el mismo camino de siempre durante mi paseo o sigo otra ruta?» Cuando hayas practicado decidir sobre esta y otras cuestiones pequeñas, intenta hacerlo con otras de mayor calado. «¿Quiero seguir dudando de mí mismo o quiero dejarlo ya?» «¿Quiero ser la víctima en esta situación o el Guerrero?» «¿Quiero mantener esta opinión o quiero deshacerme de ella?»

Es correcto reevaluar tus decisiones incluso cuando sabes que tendrán consecuencias importantes. Por ejemplo, conozco a una pareja que se preguntan todos los días si desean seguir casados. Sobre todo, lo hacen como una broma amorosa, pero también es una forma de recordarles que dicen que sí, una y otra vez, a su unión. Y que siempre tienen la opción de decir que no.

Plantéate el decir que sí como un juego. De hecho, el juego quizá sea la herramienta más poderosa, por ignorada que sea, que tenemos en nuestro arsenal emocional para crecer y aprender. Por ejemplo, hay un libro infantil llamado *El día del Sí* sobre un día al año en el que los padres responden con un sí entusiasta a todo lo que sus hijos quieren hacer. (Antes de que te escandalices, debes saber que los adultos establecen una serie de reglas básicas de seguridad desde un buen comienzo.) ¿Helado para desayunar? ¡Sí! Eso es lo que hacen el día elegido: ¿volcar todos los muebles del comedor? ¡Pues sí, es mi principal prioridad! Este día divertido y alocado crea un espacio importante de comprensión tanto para niños como para adultos. Tendemos a cumplir las «normas» de la vida por costumbre, pero siempre nos queda la opción de decir que no. Decir sí por obligación, miedo o comodidad puede provocar estancamiento con facilidad. A veces puedes llevar a tal extremo el hecho de cumplir las normas que, cuando llegas a la mediana edad, ya no sabes quién eres.

EJERCICIO: ESPEJO RITUAL

En la tradición tolteca utilizamos el espejo para aprender una lección importante sobre el funcionamiento de la mente. Es porque, seamos o no conscientes de ello, cuando miramos al mundo nos vemos reflejados por todas partes, en todo y en todos. Vemos cosas que admiramos sobre nosotros mismos y cosas que nos desagradan. Con frecuencia, cuando algo en el mundo nos provoca una reacción emocional, en realidad estamos reaccionando al reflejo de nuestro ser interno. Por descontado, el problema radica en que a menudo no somos conscientes de que miramos nuestro propio reflejo.

Sin embargo, cuando eres consciente de ello, eres capaz de reconocerte en todos los demás. Todos los individuos del planeta nos enfrentamos a la misma búsqueda de significado y felicidad; todos experimentamos alegría, dolor, sufrimiento y amor. Pero incluso cuando ves tu reflejo en los demás y en el mundo en general, eso no significa que puedas controlarlos. Lo único que realmente puedes controlar es a ti mismo, lo cual es el reflejo que envías al mundo, para bien o para mal. Cuando eres capaz de ver esta verdad, estás mejor equipado para lidiar con tus relaciones y tu comunidad con dignidad y respeto. Somos los espejos de los demás.

En este ejercicio, crearás tu pequeño «salón de los espejos». También puedes realizar esta actividad delante del espejo del baño, si es lo que tienes a mano. Para empezar, dispón cuatro espejos en los cuatro cuartos de un círculo en una zona pequeña en la que sepas que no te molestarán durante al menos media hora. Puedes emplear pedestales o mesitas. Acto seguido, coloca un taburete sin respaldo en medio del círculo que te permita girar y mirar cada espejo por turnos.

Cuando tengas el espacio dispuesto, acomódate en el taburete de cara a uno de los espejos. Cierra los ojos y respira hondo varias veces. Con cada inhalación, siente cómo eres más consciente del momento presente: los sonidos, los olores y sensaciones del lugar en el que estás. Cuando exhales, imagina que toda la tensión de tu cuerpo se dispersa en el suelo. Respira tantas veces como necesites hasta que consideres que estás en un estado de calma y relajación.

Cuando estés preparado, abre los ojos y mira despacio el espejo que tienes delante, mírate a los ojos. Quizá escuches la voz de tu juez casi de inmediato hablándote de tu aspecto. Este ejercicio no tiene por qué ir de eso, pero no dudes en prestar atención y quizá recordar trabajar posteriormente en algo de lo que surja en el diario. Por ahora, tal como haces en la meditación, escucha las voces y déjalas marchar. Sigue mirándote a los ojos. Al cabo de un rato es posible que empieces a verte de un modo distinto. Es una ilusión óptica, pero puede resultar sorprendente. Limítate a observarte: eres tú.

Acto seguido, gírate, mírate en el siguiente espejo y haz las mismas observaciones. Eres tú. ¿Y el siguiente espejo? También eres tú. Allá donde mires verás tu reflejo. Es una metáfora potente de tu vida a medida que vas por el mundo. Cuando miras a otra persona a los ojos, ves tu reflejo. No es una lección de narcisismo, sino que se trata de encontrar la conexión y darse cuenta de que cada persona con la que te cruzas experimenta el mismo deseo de felicidad, la misma desesperación, las mismas decepciones que tú.

Cuando hayas dado la vuelta al círculo, cierra los ojos y dedica unos momentos a asimilar la información que has descubierto. Considera que, si eres un reflejo de los demás y ellos son tu reflejo, entonces tu trabajo interno no es solo un regalo para ti sino también para los demás. Piensa en una pequeña parte de este regalo que te gustaría que se reflejase en el mundo: una manera de cambiar tu sueño personal. Imagínalo como regalo físico que dar a través de los ojos. Tal vez sea el regalo de mantener la calma ante una situación caótica. Tal vez sea el regalo de la autocompasión. Ahora abre los ojos, mira al espejo y hazte este regalo.

Dado que es un ejercicio potente capaz de hacer aflorar muchos pensamientos y sentimientos, quizá desees destinar algún tiempo para escribir en el diario justo a continuación. Tal vez te apetezca salir a dar un paseo brioso para ayudarte a centrarte de nuevo y enraizarte en la belleza del mundo natural.

5

La Plaza del Agua

Para las culturas de todo el mundo y a lo largo de la historia, el agua se asocia desde tiempos inmemoriales a la sanación y la emoción. Probablemente sepas que entre el 50 y el 75 por ciento del cuerpo humano está formado por agua. Así pues, el agua es un elemento fundamental de nuestro ser, por lo que no es de extrañar que nos sintamos atraídos a costas, ríos e incluso a los charcos en los días lluviosos. Un baño templado nos renueva en cuestión de minutos. Una inmersión en aguas gélidas vigoriza todo el sistema nervioso. La lluvia, la humedad o la sequedad del ambiente afectan a nuestra respiración y a nuestros sentimientos. También sabemos que toda la vida animal del planeta se inició en los océanos y que nuestro cuerpo sigue conteniendo un nivel de salinidad similar al del agua de mar. En nuestro interior y en el exterior, el agua es la vida misma. La tradición tolteca asocia el agua con las emociones y el cuerpo emocional. Así pues, el agua posee una potencial sanador considerable para el cuerpo y la mente, además de ser un importante símbolo de purificación. Por consiguiente, el agua es un aliado poderoso en la maestría de la vida para limpiar tu mente de todos los acuerdos y apegos pasados y tus falsas identidades. Se trata de un paso esencial en tu viaje. Por tanto, cuando dejas atrás la Plaza de la Mente entras en la Plaza del Agua, que marca la primera de las cuatro ubicaciones a lo largo de la Avenida de los Muertos que se corresponden con los cuatro elementos: agua, aire, fuego y tierra.

En el último capítulo, abordamos brevemente el aspecto de las emociones en la práctica de la concienciación. El parásito de tu mente reúne todo tipo de acuerdos para controlarte y manipularte y muchas veces el juez y la víctima emplean sus voces para provocar emociones en tu interior. Así es como el *mitote* controla tu comportamiento. La voz del juez te dice que, en cierto modo, siempre fracasas. La víctima de tu interior oye la voz y se la cree, lo cual provoca emociones como tristeza, culpabilidad o desesperación, sentimientos que, a su vez, influyen o incluso controlan tus actos.

Huelga decir que las emociones por sí solas no son ni buenas ni malas. Pero en tu sueño personal y en la amplitud del Sueño del Planeta, puedes reaccionar de forma emotiva por motivos que no acabas de comprender y que quizá temas analizar. Quizá también te sientas apegado a esos estados emocionales de manera que te hagan pensar que forman parte de tu identidad, de un modo parecido a cómo consideras que tus creencias domesticadas forman parte de tu núcleo interior. En estos estados reactivos, cuando te identificas profundamente con tus emociones, puedes provocar graves daños a ti y a los demás.

Por eso, si deseas libertad personal, debes analizar tus emociones de manera que puedas sanarte para vivir en paz y no caer en la tentación de las reacciones y arrebatos emocionales. Por el contrario, debes aprender a dejar fluir tus emociones de manera sana y provechosa. Esto no significa que ya no vayas a experimentar emociones negativas, sino que, a través de la concienciación, podrás llegar al punto en que ya no te controlen.

Por ejemplo, los sentimientos de ansiedad y arrepentimiento suelen revelar zonas de domesticación y actividades de la mente que cuenta historias centradas en lo que «podría pasar» en el futuro o en lo que «no debería haber sucedido» en el pasado. Sin embargo, cuando analizas estas emociones te das cuenta de que, en casi todos los casos, las alimenta una historia basada en el temor psicológico. Las emociones son reales, pero lo que las desencadena tal vez no lo sea. La solución no consiste en aprisionarlas y fingir que no existen, sino en fijarse, notar y analizar su origen. ¿Qué pensamiento has tenido que ha provocado esta emoción en tu interior? ¿Estos pensamientos y sentimientos se basan en una domesticación o historia de escasa utilidad?

Prestando atención y aplicando concienciación puedes aprender a reconocer cuándo una emoción procede de una creencia o historia domesticadas y analizar qué debe sanarse en tu interior. Lo que necesitas cuestionarte suele ser tu perspectiva sobre una persona, lugar, cosa o situación.

Purificación

El objetivo definitivo es la purificación: palabra que algunos pueden considerar muy cargada de implicaciones, como si estuviéramos sucios, fuéramos malos o pecaminosos y necesitáramos restregarnos o esterilizarnos. Sin embargo, no es este el significado que los toltecas dan a esta palabra. Para nosotros, la purificación es más bien una liberación, la sensación de fluir o el alivio. Es aportar movimiento a un cuerpo y mente rígidos, abrir espacios a través de los que pueda fluir el amor.

La purificación empieza y acaba en el amor porque, de entre los elementos primordiales, el amor es el más parecido al agua. El amor incondicional y el agua dan vida a todo. Limpian la suciedad o las zonas manchadas de tu pasado. Ambos son siempre fluidos y cambiantes. Al igual que el agua, el amor no tiene una forma determinada; ambos se transforman para adaptarse al recipiente que los contiene. La energía que mueve tu cuerpo y determina el estado de tu mente también existe en estado fluido. Así pues, la purificación es la aplicación del amor incondicional que elimina bloqueos y permite el flujo natural de las emociones y la energía a través del cuerpo, el corazón y la mente.

Por tanto, el elemento agua está en sintonía con todo aquello relacionado con el cuerpo emocional. Y cuando hablo del «cuerpo emocional», me refiero a la parte que se colma de amor cuando abrazas a tu hijo o a tu madre, la parte de ti que derrama un reguero de lágrimas de dolor o frustración ante una pérdida importante, la parte de ti que siente alegría pura cuando pasas tiempo con tu mejor amigo o con un animal de compañía querido.

La ciencia moderna tiene muchas explicaciones para los procesos corporales que se producen cuando sentimos emociones, como las reacciones químicas en el cerebro, por ejemplo. Pero, por supuesto, eres una criatura integral en la que los aspectos físicos, mentales, emocionales y espirituales se solapan. De todos modos, si pudieras separar tu capacidad emocional durante un instante, dirías que funciona como una especie de puente entre tu cuerpo físico y tu mente, transmitiendo información a través del sistema nervioso. Esta capacidad es muy sensible a las hormonas y al tacto, así como al control o liberación del flujo emocional. Por tanto, es fácil ver el dominio del agua.

Asimismo, es fácil ver cómo algunos de los acuerdos y creencias que hemos ido forjando a lo largo del tiempo, sobre todo en nuestra juventud, pueden suponer un obstáculo para el flujo de emociones en nuestra vida. Reprimimos nuestros sentimientos; nos entumecemos como agua estancada o, por el contrario, nos dejamos desbordar por emociones desmesuradas. Lo ideal sería que este flujo emocional fuera como un río sano, con corrientes fuertes y profundas en algunos tramos y torbellinos suaves y bajíos en otros. Cuando aprendemos a ser los sobrecargos y custodios del río de la vida y a analizar las manifestaciones infinitas del amor que fluye por él, nuestros cuerpos emocionales devienen herramientas potentes de transformación.

Por supuesto, muchos de nosotros nunca hemos aprendido a utilizar nuestras emociones de este modo. Si acaso, la idea cultural dominante en el Sueño del Planeta actual nos enseña a reprimir ciertas emociones. Tilda algunas emociones de incómodas, o poco de fiar o incluso peligrosas. Y, a veces, eso puede convertirse en una profecía autocumplida, dado que las personas con baja inteligencia emocional tienden a tener estallidos y reacciones emocionales peligrosos o a reprimir las emociones de un modo que resulta perjudicial. Como no entienden sus emociones, no son capaces de confiar en ellas ni en las de los demás. El ciclo continúa, dado que todo lo emocional pasa a verse como incontrolable o amenazador, como algo que debe detenerse o refrenarse.

Muchos de nosotros hemos sido domesticados también con la idea de anteponer la lógica a las emociones al tomar decisiones. Esta creencia se basa en la idea de que todo problema o situación «real» tiene una solución lógica. Además, se basa en la idea equivocada de que, en cuanto comprendemos la decisión lógica, siempre emprenderemos la acción más razonable.

Por mucho que desees pensar que eres un ser lógico que toma decisiones lógicas —que eres capaz de separar los pensamientos y los actos de tus emociones— lo cierto es que te engañas si eso crees. Tus emociones casi siempre influyen en tu comportamiento. Si crees que tomas decisiones «racionales» sin dejarte influir por las emociones, es muy probable que no sean consciente de ellas o que las reprimas. Tu objetivo en la Plaza del Agua es aprender a honrar a tus emociones sin ser manipulado por domesticaciones previas para que tengas una reacción emocional que te provoque un daño innecesario a ti o a los demás. Así es como consigues que tu cuerpo y tu corazón recuperen el equilibrio.

Siento – Soy

En la introducción hablamos del poder de las palabras. Este poder resulta especialmente evidente con respecto a nuestras emociones y a la manera de utilizar el lenguaje. Por ejemplo, cuando alguien te pregunta que tal estás, puedes responder de distintas maneras:

- Estoy feliz.
- Estoy triste.
- Estoy bien.
- Estoy mal.
- Estoy nervioso.

- Estoy emocionado.
- Estoy deprimido.

Sin embargo, coloquialismos aparte, ninguna de estas frases es precisa porque todas empiezan con la potente palabra «Estoy» seguida de un sentimiento. Por consiguiente, te describes como un sentimiento cuando sería más preciso decir que hay sentimientos de tristeza (o emoción o felicidad) en tu interior. «Ahora mismo estoy emocionado». «Ahora mismo estoy triste». Quizá parezca una diferencia nimia, ¡pero la diferencia que supone para tu mente es enorme![1]

En el primer ejemplo, te estás diciendo que eres el sentimiento de tu interior. Con el tiempo, si lo dices las suficientes veces, puede pasar a formar parte de la identidad que te construyes en la mente. «Soy una persona infeliz. Siempre estoy nervioso.» La mayoría de nosotros conocemos a personas que podríamos describir como «básicamente infelices». Por desgracia, es probable que así es como se vean. Probablemente refleja las historias que se reproducen en su

---

1. En el original inglés, la forma verbal «I am» puede traducirse tanto como «soy» o «estoy», por lo que la diferencia de significado dependiendo del uso de un verbo u otro en español refleja precisamente el carácter temporal o permanente de la frase. (N. de la T.)

mente, que han acabado siendo profecías autocumplidas a base de repetirse día tras día.

Sin embargo, con un sutil cambio en el lenguaje puedes reconocer que estás sintiendo una emoción en un momento dado en vez de convertir esa emoción en parte de tu identidad. Y esto nos devuelve al concepto de purificación —ver las emociones como si fueran agua que fluye con libertad. A través de la purificación, permites que las emociones pasen por ti sin que queden estancadas por tu necesidad de aferrarte a ellas y sin considerarlas parte de tu naturaleza fundamental, de tu verdadero ser. Tus emociones son reales, pero no son quién eres. Y no debes actuar basándote en ellas, aunque a veces lo hagas después de calibrar la situación y tu reacción interna, y entonces decidas voluntariamente actuar. Este acto de discernimiento consciente enraizado en la concienciación es lo que te convierte en maestro.

Emociones y traumas pasados

Tanto tus sentidos como tu imaginación contribuyen a tus emociones. Así pues, sentir dolor real en un momento dado puede no diferir de algo que recuerdes. Tu cuerpo puede recrear la experiencia emocional, obligándote a revivirla una y otra vez. Por eso la aflicción y la depresión pueden resultar físicamente dolorosas mucho después de que se haya producido el evento que las desencadenó. Ese es también el motivo por el que el trauma emocional puede provocar trastornos físicos. Quizá por esto la labor más importante que realizas con tus emociones debe tener en cuenta los procesos profundos implicados en las situaciones traumáticas.

Cuando empleo la palabra trauma en este contexto, me refiero por supuesto a todos los sucesos horrendos, abusos o traiciones que suele denotar este término. Pero también me refiero a heridas «menores», los sucesos que pueden describirse como experiencias adversas (rechazo, vergüenza, fracaso al no alcanzar el objetivo deseado, etc.). Prácticamente ninguno de nosotros llega a la edad adulta sin haber tenido estas experiencias en mayor o menor grado. Las emociones relacionadas con estos traumas suelen ser las mismas independientemente de las circunstancias, y el dolor que provocan puede ser muy duradero. Reproducimos los traumas una y otra vez en nuestra mente, y nuestros cuerpos emocionales siguen experimentando el dolor. Algunas personas entran en una profunda evitación o incluso negación para protegerse del trauma porque su recuerdo les reabre la herida.

No obstante, es posible eliminar el poder emocional de las experiencias traumáticas del pasado de manera que puedas hablar de ellas con libertad, quizá incluso ayudando a alguien que esté pasando por un mal momento. En realidad, para llegar a la maestría es imprescindible que descubras y liberes todo dolor emocional pasado que te impida experimentar la libertad personal. Esto forma parte del proceso de purificación al que me referí antes en este capítulo. El objetivo de la purificación es permitir que tus emociones fluyan otra vez con libertad, al tiempo que aprovechas la concienciación que aprendiste en la Plaza de la Mente para que no te controlen.

Entre las personas que encarnan este tipo de trabajo potente se encuentra Elizabeth Smart, víctima de un secuestro trágico que ahora viaja por el mundo denunciando la vileza del tráfico de personas y la importancia de la autoestima para chicas y mujeres. O Malala Yousafzai, que fue víctima de varios disparos camino de la escuela y acabó recibiendo el premio Nobel de la Paz por su defensa de la educación para mujeres y niñas. ¿Cómo es posible que unas mujeres que han pasado por este calvario transformen el trauma en servicio a los demás? Su dedicación a los demás está directamente relacionada con su dolor emocional. ¿Cómo pueden revisitar ese sufrimiento y hacer su trabajo sin revivir sus heridas una y otra vez?

«El perdón se hace por una misma», ha dicho Smart. «Si me aferro a mi ira hacia ellos (sus secuestradores), me quedo sin una parte de mi alma. El perdón es dejar de tener la esperanza de que el pasado fuera mejor. Los perdono, pero no quiero volver a verlos.»

Y Malala tiene un mensaje parecido: «Ni siquiera odio al talibán que me disparó. Aunque tuviera una pistola en la mano y lo tuviera delante, no lo dispararía. Así es la compasión que he aprendido de Mahoma, el profeta de la compasión, de Jesucristo y de Buda... Y es el perdón que he aprendido de mi madre y de mi padre. Es lo que mi alma me dice, sé pacífica y ama a todo el mundo.»

Perdón sanador

Ante cualquier tipo de experiencia traumática, no obstante, el perdón supone un gran esfuerzo. El primer paso es perdonarte a ti mismo. En los dos ejemplos anteriores, es fácil ver que ninguna de estas dos jóvenes tuvo la culpa de lo que les pasó. Sin embargo, cuando le toca el turno a nuestras experiencias, incluso cuando nos han convertido en víctimas, solemos albergar sentimientos de culpa y remordimiento. El perdón empieza siendo consciente de estos sentimientos en un lugar seguro, con ayuda profesional si se necesita o desea.

El perdón exige querer adentrarse en tu experiencia emocional actual, mirarla y aceptar lo que sientes, y luego perdonarte a ti primero. Perdónate por el sueño que te perjudicó, por tus errores, por no haber sabido hacerlo mejor, por todas y cada una de las cosas. Recuerda: no estás perdonando para beneficiar a quienquiera o lo que fuera que te hirió. Perdonas para aflojar el control que las emociones tienen sobre ti, de manera que tu dolor no determine tus actos en el futuro.

El perdón eleva tus percepciones de lo ocurrido desde el nivel de la víctima y el autor al punto de vista trascendente del águila. Desde ahí, obtienes una perspectiva más amplia. Eso permite que la herida sane de manera que, cuando la revisitas, ya no vuelve a herirte. Si una herida emocional se deja abierta y/o si la reabres cada vez que te acuerdas de ella, hay una parte de ti que dice que sí a esa herida, una parte de ti que, en cierto modo, sigue queriendo o necesitando que esté en carne viva y sea dolorosa. A veces es muy difícil darse cuenta de ello y aceptarlo, pero puede resultar increíblemente poderoso analizar para qué sirve mantener una herida abierta. Quizá la mantengas abierta hasta que estés realmente preparado para sanarla o tal vez has hecho que forme parte de tu identidad. No pasa nada. Perdónate eso también. Pero siempre puedes decidir empezar el proceso de sanación, en cualquier momento.

A menudo hablar con la gente en quien confías para compartir tus sentimientos abre la puerta de la sanación. Cuando los sentimientos son un tabú, cuando piensas que no deberías hablar de ellos ni confesarlos, te cierras a la posibilidad de trabajarlos. Tal como nos recuerda el gran Fred Rogers: «Cuando podemos hablar de nuestros sentimientos, resultan menos abrumadores, menos angustiosos y alarmantes. Las personas a quien nos confiamos pueden ayudarnos a saber que no estamos solos».

Tus emociones son una fuente inagotable de material con el que trabajar a lo largo del viaje hacia la libertad personal. Tu cuerpo emocional está vinculado a una verdadera biblioteca de historias, creencias, acuerdos y recuerdos susceptibles de examen en tu labor como Guerrero Tolteca. Y tu libertad suele yacer justo al otro lado de una emoción dolorosa.

Risa sanadora

Por curioso que parezca, los humoristas suelen destacar por tener una vida desventurada fuera del escenario. Aunque a priori parezca una contradicción, en realidad tiene mucho sentido. A menudo su lucha con infancias dolorosas, traumas pasados, depresión o adicciones los llevó a desarrollar el humor como herramienta para desviar la atención de los demás hacia donde ellos querían dirigirla. O quizá se haya convertido en una manera de tapar sus flaquezas con una especie de escudo protector. El genio de la comedia Dave Chapelle habla de cómo de pequeño evitaba ser el blanco de todas las bromas y el maltrato pregonando sus defectos antes que los demás y haciéndoles reír. El humor le permitió controlar la narrativa. Es una estrategia de supervivencia ideal para el niño víctima, por cierto. No tiene nada de malo enfundarse la máscara de la comedia para sobrevivir, mantenerse a salvo y protegerse.

En el caso de las personas que han tenido que adoptar esta máscara de pequeños, el problema suele aparecer más adelante porque la máscara en sí resulta dolorosa, incluso asfixiante, de llevar. En medio de su carrera, algunos comediantes tienen que cambiar de centro y pasar del yo a los demás. Su estilo humorístico quizá siga siendo el mismo pero el impulso que hay detrás cambia. Las cosas que hacían de pequeños y jóvenes para hacer gracia no eran tanto por decisión propia sino por necesidad. Pero con un poco de perspectiva, los humoristas pueden llegar a ver su papel de otro modo. Pueden ver que su humor está al servicio de algo mayor, un regalo para su público y para los compañeros de profesión. Sus estrategias de supervivencia devienen regalos.

Cuando eres capaz de reírte desde un lugar genuino ante una situación vergonzosa o hiriente del pasado es señal de que te estás sanando. Cuando eres capaz de reírte de situaciones que te tomabas muy en serio, y por las que te juzgabas, es una indicación de que ya no empleas esas situaciones para forjar tu identidad. Cuando todavía ves acontecimientos del pasado de forma tan seria que sigues sin ser capaz de reírte de ellos es señal de que todavía te queda trabajo por hacer.

Parte de la labor de desbloquear el río de nuestras vidas emocionales es permitir que fluya la alegría. Resulta interesante ver que incluso cuando fingimos reír cuando no hay nada que nos haga gracia, podemos acabar soltando una carcajada sincera. Es especialmente cierto cuando se practica en compañía. Se trata del fenómeno en el que se basan los clubes de la comedia y el yoga de la risa, en los que la gente se reúne para practicar una serie de ejercicios relacionados con la risa que rápidamente se transforman en un encantador regocijo contagioso. En YouTube hay unos cuantos vídeos asombrosos con desconocidos que empiezan a tener ataques de risa en vagones de metro o autobuses abarrotados.

Lo que quiero decir es que, a veces, no nos permitimos sentir cosas buenas. Tal vez pensemos que, si ponemos coto a nuestras emociones positivas, en cierto modo ahuyentaremos las negativas. Pero la cosa no funciona así. No tenemos un cuerpo emocional de «buenos sentimientos» y otro cuerpo emocional de «malos sentimientos». Son el mismo.

Así pues, practica sentirte triste, practica la carcajada. Deja que broten las lágrimas y la risa. Ninguna de las dos te define.

Dos lobos

Tal vez conozcas esta historia sobre el abuelo que aconseja a su nieto.

—En nuestro interior existen dos lobos —dice el abuelo—, uno es el lobo de la compasión y el otro el lobo del odio y el egoísmo.

—Abuelo —pregunta el niño—, si se enfrentan, ¿cuál gana?

—El que tú alimentes —responde el abuelo.

Esta historia me encantó desde el momento en que la escuché y en ese momento estaba convencido de que significaba que alimentara al lobo del amor de mi interior. Luego, al cabo de un tiempo, me di cuenta de que la historia dice que ambos lobos existen dentro de mí. Todos tenemos a ambos lobos en el interior. Por tanto, el amor incondicional no es decidir ignorar o destruir el odio o el egoísmo de nuestro interior, sino que vive en el deseo de ver y amar todo nuestro ser.

El amor condicional solo ve lo que quiere ver. Pero con concienciación, con conocimiento, aprendes a ver tanto la oscuridad como la luz. Es como el concepto y el símbolo del yin y el yang: dos mitades de un todo, iguales, separadas, entrelazadas y cada una con una parte de la otra en su interior. Tú eres ambos lobos, contienes ambos lados de casi todas las cualidades opuestas que alcances a imaginar. Pero no permitas que se enfrenten entre sí.

Me acepto como soy ahora; soy ambos lobos. Amarme supone alimentar a los dos. Sin embargo, decido no enfrentarlos; la guerra concluye en mi interior. Cuando alcanzo esta paz interna, no ensombrecida por el amor condicional, abordo mi persona y todas mis relaciones de un modo distinto.

Practica decir: «Te amo y te acepto» a todo, dentro y fuera de ti. Absolutamente todo. No tiene por qué gustarte lo que aceptas; solo tienes que reconocerlo. Deja brotar la ola de agua pura de tu cuerpo emocional. Llena la taza de amor interminable e incondicional.

EJERCICIO: EL CUERPO EMOCIONAL

Trabajar con las emociones puede resultar intenso y, para ello, llevar un diario resulta especialmente útil.

Empieza pensando en qué ideas domesticadas has adquirido a lo largo de los años con respecto a la emoción. Tal vez te hayan dicho que eres demasiado emotivo. O quizá te hayan domesticado para creer que la lógica siempre es más importante que las emociones. ¿Qué significan estas domesticaciones para tu cuerpo emocional? ¿Cómo te limitan? ¿«Confías» en tus emociones? Si no, ¿qué podrías estarte perdiendo? Escribe los pensamientos y sentimientos relacionados con tus emociones. Y recuerda: no es un trabajo que tengas que enseñar a nadie, así que no dudes en ser sincero y expresar lo que sientes.

La clave reside en el equilibrio. Estás aprendiendo a reconocer cuándo el parásito ha secuestrado tus emociones para mantenerte en un estado de miedo psicológico, al tiempo que permites que esas emociones fluyan a través de ti. El objetivo consiste en dejar que tus emociones te guíen a fin de encontrar y liberar esas domesticaciones dejando de creer en ellas y tomando decisiones conscientes.

Un maestro que conocí en Sacramento me enseñó lo que era el perdón: «El perdón llega en el momento en que ya no deseas que el pasado fuera distinto, aceptas lo que ocurrió y lo sueltas».

EJERCICIO: CARTA DE PERDÓN

Perdonar puede resultar un desafío para muchas personas. Sin duda no puede uno precipitarse ni obligarse. Todo el trabajo que haces en este libro y en este viaje ayuda a estar preparado para el poder del perdón, así que no te preocupes si no consideras que es el momento de hacer este ejercicio; vuelve a él cuando así lo sientas. Y no te preocupes si sientes que quieres repetirlo más adelante y luego otra vez. Es bueno y natural. Todos tenemos ciertas cosas en las que necesitamos trabajar y perdonar.

Retoma el trabajo que hiciste en capítulos anteriores, sobre todo las listas del diario del capítulo 2 y las historias que examinaste en el capítulo 4. Quizá detectes una serie de situaciones que se beneficiarían del perdón, ya sea para ti o para los demás. Elige una de ellas en la que trabajar. Puedes empezar con algo relativamente sencillo y directo. Ya irás abordando tareas más complejas.

Cuando tengas a la persona, situación o condición clara, escribe una carta en el diario explicando el dolor que sufriste o causaste y ofreciendo el perdón. Si estás trabajando en el autoperdón, dirígete la carta. Aquí tienes una muestra:

1. Describe el incidente: qué ocurrió, dónde y quién estuvo implicado.
2. Explica cómo te sentiste en el momento del incidente y cómo te sientes ahora al respecto.
3. Ofrece perdón (incluido el autoperdón) y explica por qué. Recuerda que el perdón te beneficia solo a ti y a nadie más.

Tómate tu tiempo. Quizá quieras trabajar en distintas secciones de la carta en momentos distintos. Cuando termines la carta, reconoce que estás preparado para seguir adelante con tu vida y que no deseas que este incidente sea un estorbo o te controle, ni que se convierta en parte de tu identidad. Cuando pienses en este incidente en el futuro, quizá sigan aflorando emociones, lo cual es completamente normal. Deja que esas emociones fluyan a través de ti y recuérdate la carta que escribiste y que el acto de perdonar es para ti.

EJERCICIO: RECAPITULACIÓN TOLTECA

Dedicamos una enorme cantidad de tiempo y energía a aferrarnos a situaciones y experiencias que nos han herido de un modo u otro, hasta tal punto que creamos un déficit de energía disponible para aspectos más gozosos de nuestras vidas. La práctica de la respiración llamada «recapitulación tolteca» te permite evocar un acontecimiento en tu imaginación y recuperar parte de la energía que hayas dejado atrás.

Esta técnica emplea el poder mundialmente reconocido de la respiración para limpiar las emociones negativas de los recuerdos. Su objetivo consiste en recuperar la energía emocional que invertiste en la experiencia para poder recordarla sin revivirla. Cuando a un recuerdo ya no le queda carga emocional, resulta neutral y ya no puede utilizarse para generar sufrimiento en tu interior. Así puedes recuperar el poder emocional para seguir adelante y sanar las heridas abiertas que permanecen de otros sucesos dolorosos y traumáticos de tu pasado. Esta práctica puede llevarse a cabo las veces que quieras para abordar experiencias dolorosas.

Empieza recordando un momento específico en el que sufriste una profunda herida emocional. Tal vez haya algo en la lista que confeccionaste en el capítulo 2. Podría tratarse de un momento en el que te maltrataron física, mental o emocionalmente. Tal vez fuera el final de un matrimonio, la muerte de un ser querido o una enfermedad o accidente graves. Elige una experiencia que te provoque emociones negativas cuando la recuerdas. Puede resultar difícil, así que tómate tu tiempo.

Busca un lugar tranquilo en el que puedas sentarte o tumbarte con comodidad varios minutos. Tómate cierto tiempo para recordar el incidente que has escogido o escribe los detalles del suceso en el diario. Luego empieza inhalando y exhalando profundamente. Mientras lo haces, céntrate en el recuerdo y permite que todas las emociones negativas que experimentaste durante el suceso vengan a ti.

Fíjate en cómo las emociones se desplazan por tu cuerpo. Quizá notes que la piel se te enrojece o un mariposeo en el estómago. Son manifestaciones físicas de energía emocional. Plantéate la de veces que has reproducido este evento en tu mente empleando la energía emocional subyacente para herirte a ti o a los demás. Al inhalar, lleva esa energía de vuelta a ti; es tuya, y tienes derecho a decidir adónde quieres dirigirla para seguir adelante.

Ahora exhala, teniendo bien presente el recuerdo en tu mente, e imagina que tu cuerpo expulsa y libera toda la emoción negativa que sientes acerca del suceso. Exhala tu tristeza, tu vergüenza, tu temor, tu culpabilidad, toda negatividad que surja cuando pienses en esta experiencia. El acontecimiento en sí pertenece al pasado, ya no puede causarte daño.

Sigue respirando con esta intención mientras piensas en la situación o acontecimiento. Cuando inhales, recupera tu energía; cuando exhales, expulsa las emociones negativas. Continúa hasta que sientas que has recuperado toda tu energía y expulsado toda negatividad. Quizá necesites varias sesiones para trabajar un único suceso o recuerdo. Es perfectamente normal. Haz lo mucho (o lo poco) que te veas capaz de hacer en cada sesión. A base de práctica, acabarás evocando el recuerdo de la experiencia sin revivirlo emocionalmente. Cuando esto ocurra, sabrás que has conseguido liberar el poder que ejercía sobre ti. Tu energía, tu poder vuelve a ser tuyo por completo.

EJERCICIO: CONECTAR CON EL AGUA

Aquí tienes un par de sugerencias sencillas que pueden facilitarte la conexión con el flujo emocional y la naturaleza sanadora del agua.

Date un baño ritual: Si dispones de una bañera, crea una velada de relajación y purificación destinando un tiempo especial a tomar un baño sagrado y sanador. Enciende velas, añade flores u otros elementos naturales para perfumar el agua, pon música reconfortante y deja que tu cuerpo se relaje por completo.

Visita una masa de agua natural: Esfuérzate para ver esta masa de agua con nuevos ojos. Los lagos, los ríos y los mares poseen una energía especialmente hermosa cuando nos tomamos el tiempo de percibirla. Nadar, sumergir las manos en el agua y salpicarse la cara, cantarle al agua o sentarse en silencio a escuchar la música natural del agua son ejemplos de actividades que pueden ayudar a conectar con el poder sanador del agua natural.

6

La Plaza del Aire

Siempre que intento terminar un gran proyecto, una clase o presentación o incluso un libro como este, resulta inevitable que me sienta bloqueado en algún momento. Mi emoción inicial se ha desvanecido. Mi predisposición para cumplir con mi cometido sigue ahí, pero solo me lleva delante de la pantalla o del papel y ahí acaba todo. Me quedo mirando las palabras y se me nubla la mente. Sé que mis pensamientos están ahí, en algún lugar de la nebulosa, pero no sé cómo acceder a ellos. Entonces, oigo una voz débil en mi interior: «Levántate».

He ido aprendiendo a hacerle más caso a esta voz, incluso (o especialmente) cuando no tiene lógica para mí. «Cálzate —me dice—. Sal». Y eso es lo que hago, aunque la voz del parásito de mi interior empiece a parlotear. «Es inútil, ¿adónde te crees que vas? ¡Los libros no se escriben solos mientras estás de paseo!» Me río y digo en voz alta: «¿Quién sabe? A lo mejor sí». Tengo la impresión de que bromear con mi voz de parásito debilita el poder que tiene en mi interior.

Mientras inspiro en el exterior, siento que mi cuerpo se aligera. Noto el cosquilleo que la calidez del Sol provoca en mi piel. Mis pasos siguen un ritmo e intento despejar la mente de cualquier destino o plan para mi paseo. No intento pensar en dónde me quedé estancado o por qué, sino que ando a la búsqueda de otra cosa: la claridad de visión que necesito para seguir creando.

Al poco empiezo a tararear una canción sobre un día soleado de primavera o alguna que me guste especialmente. Al comienzo tarareo en silencio, caminando al ritmo de la canción, noto que la mente se empieza a reorientar hacia el mundo que me rodea. Veo detalles en los que no me fijé el día anterior. Oigo el canto de un pájaro que no había oído desde hace un año. Me maravilla que, hace apenas unos momentos, estaba paralizado en una neblina densa creada por mí. Empiezo a cantar. Siempre me ha gustado cantar. Es algo muy valioso para mí y me hace sentir un tanto vulnerable, como si sacara una joya preciosa de mi interior y la ofreciera al mundo. La entrego y sigo caminando.

Pronto me convierto en uno de esos locos que se ven por la calle, cantando a todo pulmón y caminando con alegría bajo el sol. Me da igual lo que piensen los demás y no me preocupa el proyecto que me espera en el escritorio. Inhalo y exhalo con fuerza para poder cantar. Entonces caigo en la cuenta, ya sé qué tengo que hacer; sé el próximo paso que tengo que dar o la siguiente idea que tengo que plasmar en la página. Es una revelación que se me aparece con una claridad meridiana. Puede decirse que casi vuelvo a casa corriendo para ponerla en práctica.

Tal vez tengas tu versión de esta historia, un lugar al que vas o un acto sencillo con el que consigues disipar las nubes y dejar espacio para que tu visión avance. Si no, plantéate este capítulo como invitación para encontrar uno porque esta es la sensación que te queda al entrar en la Plaza del Aire en tu viaje hacia la maestría de la vida.

Inspiración

El aire está directamente conectado con la respiración. Al igual que el *nagual*, el aire es necesario para que nuestro organismo funcione. Así pues, podemos decir que es la inspiración para la vida. De hecho, la palabra «inspirar» viene del latín y significa «tomar aire o soplar». A medida que el aliento nos llena los pulmones, nos inspira. La respiración es la vida misma y la inspiración y la creatividad son actos de vida.

El elemento aire también representa a tu espíritu —la parte que no puede medirse ni con una escala ni con una regla. Es la parte que es una manifestación única de la energía del *nagual*. En lo que llevas de viaje, has tratado en gran medida con cosas que te han causado problemas en la vida: domesticación, trauma, la mente, emociones bloqueadas, y cómo alimentaban tus temores psicológicos. Hay un trabajo constante que realizar en todos estos ámbitos. Pero en la Plaza del Aire haces una pausa para renovarte y volver a conectar con la energía del *nagual*, lo cual te otorga claridad y concentración, abre la perspectiva acerca de lo que es posible para ti y alinea tu visión e inspiración con el espíritu de la vida misma.

La Plaza del Aire es donde perfeccionas tu oficio como artista de tu vida, de forma que estés preparado cuando te brinde oportunidades. En cuanto tu visión se libre de la turbiedad de los viejos acuerdos y trampas habituales —en cuanto domines la concienciación— tendrás la libertad de tomar decisiones y seguir nuevos caminos basados en tu verdadera preferencia o en la simple curiosidad. Así te prepararás para decir sí en la vida de una forma nueva.

En una ocasión oí decir a una profesora de historia del arte que cada revolución artística es un regreso al realismo. ¿Cómo es posible? El cubismo, el arte abstracto, el impresionismo, ninguno de estos estilos se parece a la vida «real». Sin embargo, creo que lo que quería decir es que cada generación de artistas llega a su propia concienciación acerca de cómo representar la realidad de la manera que les parece más real.

Del mismo modo, cuando empezamos a crear las obras maestras de nuestra vida, recurrimos al deseo innato del interior de cada uno de nosotros para expresarnos de forma nueva y auténtica. Recuerda: la palabra «tolteca» significa «artista». Y el elemento aire está relacionado con la visión clara y la creatividad. Nos invita a expresarnos intentando cosas nuevas y creativas.

Por desgracia, a algunos de nosotros nos han domesticado para que creamos que no nos gustan ciertas cosas cuando ni siquiera las hemos probado. Cosas que quizá estuvieran prohibidas o se ignoraran en nuestra infancia o historia personal. Estas domesticaciones quizá formaran parte del «estilo artístico» de nuestros padres y de otros que nos criaron. Pero es importante que contrastemos estas creencias por nosotros mismos para averiguar lo que realmente encaja con nosotros. Así, podemos alcanzar una revolución artística en nuestro interior y liderar un nuevo tipo de expresión propia.

Por ejemplo, un amigo mío creció en una familia sin música ni baile. No estaban prohibidos, sencillamente no estaban presentes. Ningún miembro de su familia directa disfrutaba con estas actividades. Como consecuencia de ello, no sentía atracción alguna hacia la música o el baile, y tampoco se planteaba la idea de que pudieran gustarle hasta que llegó a la edad adulta. En cuanto inició las prácticas de concienciación tratadas anteriormente en este libro, se dio cuenta de que le intrigaba el ver que otras personas disfrutaban con la música. Empezó a cuestionarse la falta de música y baile en su vida y decidió que quería aprender a tocar la guitarra. Se apuntó a unas clases y enseguida descubrió que le encantaba. El hecho de apreciar la música por primera vez le abrió un mundo nuevo. Aportó creatividad, alegría y presencia a su vida. Le conectó con su cuerpo físico y emocional. Se le desarrolló el oído musical y empezó a escuchar distintos estilos de música. Incluso empezó a escuchar de otra manera los sonidos diarios que le rodeaban.

Tu concienciación alimenta tu creatividad y ofrece inspiración que evoluciona a lo largo de la vida. Cuestionar tus identidades domesticadas, expandir y crecer hacia nuevos ámbitos, ser consciente, estas son las características clave de la libertad personal que persigues a medida que te acercas a la maestría de la vida.

Posibilidad infinita

La noción de posibilidad infinita es otra idea relacionada con el elemento aire. Piensa en la sensación que tienes en lo alto de la cima de una montaña contemplando el paisaje. Casi se ve la curvatura de la Tierra mientras el viento te pasa silbando por las orejas. Piensa en lo distintas que son las sensaciones cuando estás al aire libre en comparación con cuando estás en una cueva cálida y subterránea. O lo que sientes nadando en un lago plácido de agua dulce. Cada una de estas sensaciones es importante y valiosa; la clave es saber cuándo utilizar las herramientas de cada elemento. Puedes recurrir al apoyo del aire para dominar las posibilidades que se te presentan en la vida.

Hace poco, mientras ascendía por las montañas cercanas a mi casa, llegué a un mirador. Un valle ancho y profundo se extendía bajo mis ojos bordeado por montañas altas a ambos lados. Mientras me acercaba al borde de un precipicio para disfrutar de la mejor vista, un halcón se alzó raudo y veloz ante mis ojos, llevado por una fuerte corriente de aire ascendente. Se elevó por encima de mi cabeza en cuestión de segundos. Lo observé jugando con el viento, aprovechando las corrientes y planeando a uno y otro lado, o permaneciendo durante un tiempo considerable en el cielo por encima del valle. Me fijé en cómo ajustaba ligeramente las alas y el cuerpo para mantenerse estable en las ráfagas de viento. Si no hubiera sido tan diestro, seguramente habría acabado estrellándose contra un peñasco o se habría visto obligado a aterrizar.

El halcón hacía que todo pareciera muy sencillo. Pero lo cierto es que dominar una técnica, aunque sea innata, lleva su tiempo. Las circunstancias de la vida son siempre cambiantes. Permanecer quieto puede parecer sencillo o fácil desde el exterior, pero si eres honesto contigo mismo, ya sabes que hace falta mucho esfuerzo para mantener el equilibrio y permanecer donde quieres estar con el corazón y con la mente.

Tengo una amiga que aceptó la jubilación anticipada que le ofrecieron porque le parecía una oportunidad demasiado buena como para dejarla pasar. Sin embargo, una vez pasada la sensación de libertad inicial, se encontró en una encrucijada. Los viejos acuerdos acerca de qué significaba «ser vieja» o «jubilarse» aparecían en sus pensamientos a diario y pronto lamentó su decisión. Sentía que el camino de vida que tenía por delante era corto y que iba cuesta abajo. Pero, en un momento dado, vio la sensación con claridad. Quería hacer muchas cosas en la vida, muchos proyectos que había dejado pasar o aparcados durante mucho tiempo. Recordó que ninguno de nosotros sabe cuánto camino nos queda. Pero también se dio cuenta de que en el momento actual el camino es más largo que nunca. Se dedicó entonces a decir que sí a las posibilidades infinitas que le brindaba la vida.

La Plaza del Aire te invita a mirar en tu interior y a asegurarte de que estás viviendo la vida que deseas. Si no, ¿por qué no? ¿Qué puedes hacer para cambiarla? Y si realmente no puedes cambiar tus circunstancias, ¿cómo puedes cambiar tu actitud hacia ellas? ¿Qué otras oportunidades se te presentan a la vista de estas circunstancias? ¿Cuál es tu potencial?

El potencial es un concepto fascinante que a veces cuesta entender. Tal vez no puedas o no hagas todo lo que quieres ser o hacer en la vida. Así pues, en cierto modo, podría decirse que tu potencial está limitado en relación con la vida misma. Por otro lado, en realidad no tienes ni idea de cuál es tu potencial. De hecho, diría que quienes piensan que conocen su potencial o el de otras personas probablemente alberguen una falsa creencia. Si bien es cierto que todos tenemos limitaciones, es igual de cierto que no sabemos cuáles son.

En el momento actual, las semillas de cualquier futuro posible están a tu alrededor. En las enseñanzas de mi familia decimos que no hay resultado que pueda existir en el futuro que no exista de modo potencial ahora mismo. Ya has aprendido a estar al acecho de viejos comportamientos y a transformarlos. Pero también puedes encontrar esas semillas de potencial, esos brotes verdes. Puedes tener claro qué buscas. Y puedes tener visión para ver dónde existen ahora mismo, aunque te parezcan casi invisibles. Luego puedes cultivar y alimentar el futuro que deseas. A día de hoy, eres lo más joven que jamás serás y tienes toda tu vida por delante, ¿cómo quieres vivirla?

Gratitud incondicional

La tradición tolteca enseña que cada respiración es una expresión de nuestra gratitud por la vida. Inspiramos inspiración y expiramos gratitud. Recuerda: incluso cuando no eres consciente de la respiración, ahí está.

No obstante, para ver infinitas posibilidades y estar inspirado en el presente tendrás que aprender a mostrarte agradecido por todo. En cierto modo es fácil. Solemos agradecer a nuestros seres queridos, las buenas noticias que recibimos, nuestra salud y seguridad. La mayoría de nosotros solemos agradecer enseguida lo que hemos acordado que es «bueno» sobre nuestra vida. Pero en la búsqueda de la libertad personal, ¿puedes agradecer también el trabajo que no conseguiste o la relación que no duró? ¿Puedes sentir gratitud por las heridas, las pérdidas y las amenazas? Todas estas experiencias contienen cosas «buenas» y «malas» en su interior. Y tu gratitud, al igual que el amor, puede volverse incondicional.

Por ejemplo, cuando se inició la pandemia global de COVID-19 en 2020, muchas personas experimentaron un gran aumento de sus miedos y angustias. Esas emociones no siempre eran por ellos, pero sí por sus seres queridos: padres de edad avanzada, amigos, compañeros. El temor a que la gente sufriera y muriera era muy potente y real. Conozco a una mujer que se obsesionó con proteger a sus padres del virus. Quería controlar todos sus movimientos. Y su miedo se filtraba en la vida de ellos, por lo que todos se sentían desgraciados. De todos modos, insisto en que el miedo puede ser un gran maestro.

Mi amiga se quejaba de que a sus padres les importunaba su ayuda y estaban molestos con ella. Más de una vez le habían hablado de malas maneras por teléfono. Ella pensaba que era porque tenían miedo. Le sugerí que quizá fuera porque era ella quien tenía miedo y que propagaba ese miedo allá donde fuera, como una gran nube de polvo. Le dije que se tomara unos instantes antes de llamar por teléfono o enviar un mensaje a sus padres para aprovechar su disciplina y aprendizaje. La animé a que, de forma literal y figurada, purificara el ambiente respirando hondo. Que inhalara y exhalara. Acto seguido puntualicé que podía estar agradecida por su miedo, que podía reconocerlo y analizar su origen desde la gratitud.

—¿Qué crees que puede pasar? —pregunté.

—Me da miedo que enfermen —reconoció—. Me da miedo que mueran en mi ausencia. Me da miedo que yo y mis hijos nos quedemos solos.

Cuando le pedí que rastreara la raíz de esos miedos, descubrió que en realidad se basaban en el amor. No tememos la muerte de otras personas a no ser que las amemos profundamente, a no ser que su presencia aporte alegría y consuelo a nuestra vida. Por tanto, la animé a que analizara ese amor.

—Quiero mucho a mis padres —reconoció—. Agradezco sobremanera que hayan vivido hasta mi edad adulta. Me encanta que formen parte de la vida de mis hijos.

La animé a ser lo más concreta posible sobre el amor que subyacía a ese miedo: a inhalar gratitud por todos esos regalos de la vida, por ese amor. Hacerlo antes de cada interacción con sus padres la reequilibró y descubrió que su comunicación con ellos sobre la seguridad durante la pandemia mejoró mucho.

Cuando trabajas así con la gratitud, no suprimes el miedo, pero puedes tratar de transformarlo realineándolo con una visión más certera de las circunstancias.

Vivir la vida con miedo es como intentar cuidar un árbol que está desconectado de sus raíces; resulta obvio que se caerá cuando sople un poco de viento. Con la cercanía de la primavera, intentarías desesperadamente mantenerlo en pie, construyendo todo tipo de estructuras de apoyo a su alrededor. Pero, al final, no serían más que parches temporales que no abordarían el verdadero problema. Los árboles necesitan estar conectados con sus raíces, y las raíces de la vida siempre son el amor. Si eres capaz de reconectar tus miedos con sus raíces, encontrar su origen en el amor, puedes transformar la energía del miedo y dejar que la inspiración, la vida nueva y la creatividad broten en el árbol del amor.

Conocimiento silencioso

La claridad de visión es lo que nos ayuda a acceder y conectar con la intuición. Los toltecas llaman «conocimiento silencioso» a la intuición, un tipo de conocimiento que no procede de la mente lógica, racional. Casi todo el mundo ha vivido una historia en algún momento de su vida en la que «sabía algo» que no tenía sentido desde un punto de vista racional pero que luego resultó ser cierto.

Si bien la lógica tiene su valor, el actual Sueño del Planeta la tiene en tan alta estima que muchos de nosotros hemos sido domesticados para desconfiar del conocimiento silencioso de nuestro interior. La Plaza del Aire es donde aprendes a plantearte preguntas importantes sobre tu relación con este conocimiento silencioso. ¿Hasta qué punto te sientes conectado con tu intuición? ¿Recibes mensajes de ella y la escuchas con regularidad? ¿O descartas la intuición por considerarla fruto de tu imaginación y optas por un enfoque más lógico? Aprender a escuchar y conectar con el conocimiento silencioso que yace más allá de la mente pensante es uno de los aspectos clave de la maestría de la vida, por lo que es importante que analices toda idea domesticada que tengas acerca de este tema.

Si te sientes desconectado de tu intuición, tengo buenas noticias. La conexión que tienes con ella mejora de forma natural cuando realizas otro trabajo interno que se aborda en este libro. Reconociendo y liberándote de domesticaciones de poca utilidad y de las voces del *mitote*, y deshaciendo los bloqueos emocionales que tengas a fin de dejar fluir tus emociones, te abres a un tipo de conocimiento que siempre ha estado a tu alcance, pero que quizá no hayas podido escuchar. Casi todos los guerreros toltecas experimentados te dirán que acceder al conocimiento silencioso es uno de los mayores beneficios de este camino. La intuición es percepción que no está corrompida por la historia del parásito. Es la verdad que percibe el *nagual*.

A menudo me preguntan cómo distinguir cuándo un mensaje procede de tu intuición y cuándo de los miedos internos. Al comienzo puede ser difícil de distinguir, pero lo cierto es que, a base de práctica, cada vez resulta más fácil. Recuerda: la práctica hace al maestro.

La otra buena noticia es que, aprendiendo a escucharse de veras, mejoras tu escucha en general. Así, la intuición no es solo un regalo para ti sino también para los demás.

<><><><><><><><><><><><><><><><><><><><><><><><><><><><><><><><><><><><><><><>

EJERCICIO: CLARIDAD DE VISIÓN Y POTENCIAL

Somos los artistas de nuestra vida, pero a menudo nos enredamos con otras cosas y olvidamos lo que nos llena. O lo que es peor, si no se nos da bien cultivar nuestra alegría, quizá ni siquiera sepamos qué nos llena porque lo hemos mantenido acallado demasiado tiempo. La Plaza del Aire te invita a cambiar eso y a reconectar con la claridad de visión y el potencial. Para este ejercicio, confecciona dos listas en el diario. En la primera, enumera las cosas que ya sabes que te gustan y que te aportan gozo, como por ejemplo pintar o dibujar, tocar un instrumento musical o cantar en grupo, hacer senderismo o acampada, la jardinería, organizar acciones comunitarias o de voluntariado, ir a conciertos, leer novelas.

En la segunda lista, enumera todas las cosas que crees que podrían gustarte pero que todavía no has probado. Por ejemplo, ¿has querido aprender a bailar salsa? Anótalo. ¿Te gustaría viajar a la India? Añádelo. Ya entiendes el proceso.

Ahora echa un vistazo a la primera lista, la de las cosas que sabes que te encanta hacer y compárala con lo que has hecho en el último mes. ¿Cuántas cosas de esta lista has hecho y con qué frecuencia? A veces no dedicamos el tiempo suficiente a lo que nos gusta hacer. Ser más consciente de cómo pasas el tiempo puede instarte a realizar ajustes. ¿Qué elementos de la lista de cosas que te encanta hacer puedes programar para el mes que viene? Acto seguido, echa un vistazo a la segunda lista. ¿Qué no has hecho todavía que puedes añadir a tu planificación ahora mismo? Recuerda: eres el artista de tu vida. Haz que gozar de la vida sea el motivo central de tu obra maestra.

EJERCICIO: REFORZAR TU INTUICIÓN

Puedes reforzar tu capacidad intuitiva de manera sencilla y útil. Aunque algunas de las historias más potentes relacionadas con la intuición estén relacionadas con acontecimientos importantes, es probable que la gran mayoría de ellos estén vinculados a sucesos intrascendentes del día a día. Centrándote en estos momentos triviales y menos dramáticos en los que tomas decisiones de manera intuitiva, puedes rea prender a escuchar a tu conocimiento silencioso interior cuando llegue el momento de tomar decisiones de mayor calado. Aquí tienes unas cuantas sugerencias para prestar atención a los «codazos» de la intuición que experimentas durante el día.

- Da un paseo e intenta centrarte en el deseo intuitivo de tu cuerpo para tomar una ruta en vez de otra. Presta atención a lo que veas a lo largo de la ruta.
- Fíjate en si tu intuición te indica que tomes una ruta alternativa para ir al trabajo, la escuela, el colmado, etc.
- Cuando sea la hora de comer, céntrate en tu cuerpo durante unos minutos. A ver si puedes notar qué te pide el cuerpo en ese momento en vez de lo que tu mente te dice que «deberías» comer.

- Por la mañana, elige uno de tus libros preferidos y ábrelo al azar. Lee unas cuantas frases a ver si guardan relación con alguna parte del día mientras te dedicas a tu rutina.
- Da rienda suelta a tu arte intuitivo con ceras y papel. Dibuja líneas y colores tal como te salgan, haciendo caso omiso de los juicios que emita tu mente.
- Siempre que tengas que tomar una decisión, por pequeña que sea (qué camisa ponerte, por ejemplo), dedica un momento a ver si te sientes atraído por alguna prenda en concreto y sigue ese impulso.

EJERCICIO: CONECTAR CON EL AIRE

Aquí tienes un par de ejercicios sencillos para facilitar tu conexión con la claridad y la visión del aire:

Trabajo de respiración. Existen distintos métodos para trabajar con la respiración. Si ya estás familiarizado con alguno de ellos, sigue practicándolo. Si no tienes experiencia previa, cierra los ojos durante unos minutos y céntrate en la respiración. Siéntate en silencio y cuenta hasta 3 o 4. Inhala lentamente, retén la respiración mientras cuentas hasta 3 o 4 y luego exhala lentamente. La respiración es una de las maneras más potentes de sentir la presencia del *nagual en tu cuerpo físico*.

Aire fresco. El aire estancado nos afecta de forma negativa. Quizá sientas que estás de mal humor o triste y no sepas exactamente por qué. ¡Deja que circule el aire fresco! Abre las ventanas si hace buen día y permite que el viento recorra tu casa para eliminar viejas energías y aportar claridad de visión. Otra opción es que te dirijas a un terreno elevado. Estar en lo alto de una colina tras un ascenso vigorizante, respirando el aire fresco y contemplando un paisaje puede darte perspectiva y reanimarte.

◇◇

7

La Plaza del Fuego

El fuego es esencial para la existencia humana. Desarrollar la capacidad de hacer fuego a voluntad mantuvo vivos y sanos a nuestros antepasados en los climas y estaciones fríos. Hoy en día, controlamos el fuego en forma de electricidad, de la que dependemos para tantos aspectos de nuestra vida diaria que a menudo olvidamos su importancia, hasta que se va la luz. E incluso en nuestras vidas modernas y conectadas, muchos de nosotros seguimos sintiendo la atracción instintiva de sentarnos alrededor de una hoguera por la noche y nos maravillamos ante su belleza y el bienestar salvaje que nos procura.

De todos modos, también sabemos que el fuego es una fuerza increíblemente poderosa y destructiva, capaz de arrasar hectáreas de bosques y de privarnos de nuestros hogares e incluso de quitarnos la vida. Cada vez que encendemos una cerilla, o ni que sea una pequeña vela, esta fuerza sorprendente está presente y contiene el potencial tanto para la vida como para la muerte. Por eso nos esforzamos para encontrar el equilibrio con el fuego en nuestra vida diaria. Necesitamos el fuego y la calidez y vida que proporciona, al tiempo que debemos mantenernos cautos para evitar que se descontrole.

En la tradición tolteca, el fuego representa el deseo y la pasión en todas sus manifestaciones. El fuego nos invita a comprender que formamos una unidad con la vida, con el *nagual* mismo. En resumidas cuentas, el fuego es una manifestación del hecho de estar brillante y gozosamente vivos. Pero al igual que con el fuego físico, debemos trabajar para contener este poderío de nuestro interior con equilibrio. Debemos honrar nuestros deseos y pasiones sin dejar de atemperarlas con la disciplina necesaria para que no se conviertan en un infierno de obsesión rampante. El guerrero tolteca aplica las habilidades de la conciencia de uno mismo y el equilibrio para tomar el camino del medio.

Existe un estereotipo habitual que presenta a los maestros espirituales y a los «iluminados» como si hubieran trascendido a todo deseo. Los describe como si pasaran el resto de sus vidas sentados en posición serena y dichosa, inmóvil y silenciosa en algún sitio, ¡probablemente en la cima de una montaña! Pero no es el caso ni mucho menos. Algunos son tranquilos, pero otros pueden ser ruidosos, escandalosos y llamativos. Pueden ponerse a bailar como locos de repente o llenar una habitación con sus carcajadas desatadas. Ambos tipos han alcanzado la maestría espiritual. Pero estos maestros no han perdido todos sus deseos. La clave consiste en que, en ambos casos, sus deseos ya no los controlan ni los definen.

Al entrar en la Plaza del Fuego, lo harás con el entendimiento de que la pasión, el deseo y la obsesión no deben tomarse a la ligera. Pero cuando aprendas a tratar el fuego de tu interior con concienciación y respeto no solo conseguirás dominar este aspecto crítico de tu vida diaria, sino la capacidad de quemar lo que sea en tu vida que ya no te sirve.

Pasión y deseo

Si bien algunas tradiciones espirituales nos enseñan que el deseo es algo negativo (sobre todo con respecto a la sexualidad), la tradición tolteca reconoce que el deseo, en esencia, es positivo porque no pasaría nada en el mundo sin él. De hecho, en la cosmología tolteca, el deseo del *nagual* fue el que creó el mundo entero.

Es importante comprender la importancia real del deseo. Cuando los toltecas dicen que fue el deseo del *nagual* el que creó el mundo entero, quieren decir que la energía básica de la vida —que la vida misma— es deseo. A nivel meramente biológico, por supuesto, resulta innegable. La multiplicación de nuestra especie sería imposible sin deseo. Pero, más allá de eso, el deseo es la chispa que motiva todo movimiento, toda innovación, toda creación; sin él, no habría más que estancamiento. El fuego, la pasión, la creatividad están intrínsecamente ligados. De hecho, la creatividad no existiría sin deseo. El deseo y la pasión subyacen a todas las obras de arte que alguna vez te han conmovido. Cada pieza musical, cada novela asombrosa, cada momento en que un logro extraordinario ha hecho que te dé un vuelco al corazón tiene su origen en el deseo.

El deseo empuja a todo nuevo plantón que se alza desde el suelo hacia la nutrición que le aportan la lluvia y la luz del sol. Inspira todos los adelantos médicos. Motiva a todas las ballenas a brincar fuera del mar. Hace que las comunidades prosperen y alimenta el entusiasmo de una nueva relación. De hecho, esta increíble fuerza motora influye en todos los aspectos de nuestra vida.

Por ejemplo, ¿sabes qué actividades te emocionan? ¿Cuándo, dónde y con quién te sientes más feliz? ¿Qué te atrae? ¿Qué te entusiasma? Aquí tienes la oportunidad de descubrir y afirmar lo que esta sensación de verdadero gozo desatado aporta a tu vida. ¿Haces estas cosas con regularidad? Si no, ¿por qué no? ¿Cómo puedes reorganizar tu vida de modo que alimentes tus pasiones y deseos?

Por supuesto, el deseo puede quedar distorsionado cuando se vincula a la Isla de la Seguridad —tu identidad menor. Cuando esto ocurre, te vinculas a un deseo de manera que responde más a alimentar tu ego que a las ganas de gozar. Suele pasar cuando tus deseos se relacionan con el estatus social y las posesiones materiales. Pero, igual que debes equilibrar la concienciación entre la facilidad con la que el fuego puede quemarte si haces un mal uso de él con la apreciación de la necesidad crítica y belleza extraordinaria del fuego, también debes aprender a disfrutar y apreciar el puro gozo y asombro que aporta a tu vida un planteamiento equilibrado con respecto al deseo.

Sexualidad

También es crucial reconocer y explorar la dimensión de deseo y pasión que incluye la sexualidad. Muchos de nosotros hemos crecido con varias domesticaciones y creencias limitadas acerca de la sexualidad y, a pesar de décadas de libros y movimientos poderosos destinados a descubrir y recuperar un enfoque sano hacia este aspecto de nuestra vida (y se han hecho muchos progresos en ese sentido), sigue siendo un tema complicado para muchas personas. Sin duda existen tradiciones culturales y religiosas que siguen enseñando que disfrutar del sexo es un comportamiento pecaminoso y poco refinado. Por irónico que parezca, esta aversión también se refleja en algunos movimientos contemporáneos espirituales y/o de autoayuda. En este último caso, todo sentido de deseo sexual se pasa por alto a favor de generalidades o se percibe como algo asociado con el cuerpo y, por tanto, algo que debe trascenderse a favor de la mente, el alma o el espíritu.

El camino tolteca no es así. Nuestra tradición contempla la sexualidad sana como una expresión física casi directa del *nagual,* de la fuerza vital y la creatividad. Cuando el fuego de la sexualidad está equilibrado, es hermoso, es una manera de celebrar la vida y un gran regalo. Pero la mayoría de nosotros nos hemos criado con una renuencia empedernida a hablar sobre sexo. Esta renuencia está profundamente arraigada en casi todos nosotros y superarla lleva su tiempo. Pero es importante aprender a hablar de sexualidad y examinar nuestras domesticaciones sobre el tema a fin de forjar una vida sexual libre de culpabilidad y vergüenza. Solo así podremos alcanzar la verdadera libertad personal. Nuestro objetivo es abordar la sexualidad con curiosidad, gozo, presencia y objetividad, no sea que caigamos en la trampa de castigarnos por batallar con estas cuestiones. Existen dos maneras de analizar esta parte de nuestro trabajo. La primera relaciona el sexo con hacer el amor; la segunda relaciona el sexo con la biología y el género: por ejemplo, nuestras creencias y domesticaciones acerca de los que significa «ser un hombre» o «ser una mujer» u otras expresiones de género más allá de las binarias.

Muchas personas, quizá la mayoría, crean parte de su identidad alrededor de la sexualidad o de alguna parte de ella (y esto incluye también la asexualidad y el celibato). Recuerda: esto no es ni bueno ni malo. No es más que la situación actual en el Sueño del Planeta. El trabajo en la Plaza del Fuego, al igual que en cualquier otra plaza que explores, es poner en práctica tus dotes de concienciación a tu vida interior e intentar darte cuenta de cuándo y dónde te relacionas con estas identidades y dónde pueden estar haciéndote sufrir. ¿Te aferras a viejas ideas y creencias que exigen un análisis más profundo? ¿Necesitas cambiar o prescindir de algunas de tus creencias, suposiciones y domesticaciones? Aquí tienes unas cuantas preguntas que pueden ayudarte a descubrir domesticaciones subyacentes relacionadas con la sexualidad:

- *¿Soy capaz de hablar abiertamente con mi(s) pareja(s) sobre sexo? Si no, ¿por qué no?*

- *¿Atribuyo parte de mi identidad a mi pericia sexual, mi nivel de experiencia y/o la cantidad de parejas que he tenido?* En nuestra cultura, suele ser habitual en los hombres, pero sin duda ocurre también con las mujeres, a menudo en el sentido contrario.

- *¿Recurro a veces al sexo como instrumento para conseguir lo que quiero?* Este comportamiento no es ni positivo ni negativo por naturaleza, a no ser que engañes al respecto. Si es así, ¿qué consecuencias podría tener en tus relaciones?

Para este trabajo, el diario puede resultar de gran utilidad, dado que ofrece un lugar privado en el que tratar pensamientos y sensaciones con libertad y seguridad y sin cortapisas. Sin embargo, si te sientes cómodo, también podría resultar útil mantener una conversación exploratoria con tu pareja. Al fin y al cabo, el objetivo es forjar una vida sexual que sea apasionada, consensuada, libre de culpabilidad y vergüenza, consciente y libre de viejas creencias y domesticaciones. El alma de la intimidad florece cuando sanamos las heridas que provocaron el miedo, la culpabilidad y el enjuiciamiento de nuestra sensualidad.

Para disfrutar de nuestra sexualidad debemos tener la libertad de sentir y gozar de nuestra sensualidad.

También es importante analizar lo que supone ser una persona de tu género. Existen diferencias en el trato que distintas culturas otorgan a cada género. Aquí tienes unas cuantas preguntas que plantearte acerca de este tema:

- *¿Qué significa para mí ser hombre o mujer?*
- *¿De qué maneras mis creencias y domesticaciones sobre el género influyen en mi comportamiento?*
- *¿Es posible que algunas de estas domesticaciones me hayan limitado?*
- *¿Mi sexo biológico o expresión de género se han asociado a la identidad que he creado para mí?*

La última pregunta puede resultar peliaguda, puesto que las asociaciones con el sexo biológico o la expresión de género a veces están tan arraigadas que es difícil ver exactamente dónde pasan a formar parte de nuestra identidad o incluso cómo el Sueño del Planeta ha influido en las ideas que tienes de ellos.

Un ejemplo perfecto de ello se encuentra en los colores «tradicionales» asociados con el género: rosa para las niñas y azul para los niños. Estos colores se veían exactamente al contrario en un principio. A comienzos del siglo xx, el rosa se consideraba el color «más fuerte» y, por tanto, adecuado para los niños. El azul se consideraba el color «refinado» y, por consiguiente, apropiado para las niñas. Con el tiempo y por varias razones, las asociaciones de color se intercambiaron. Y ahora estas designaciones arbitrarias han pasado a formar parte intrínseca de lo que significa ser hombre o mujer hasta tal punto que un hombre puede considerar que no es «masculino» llevar una camisa rosa.

Es un ejemplo claro de cómo las creencias, pensamientos, preferencias e ideas que forman parte del Sueño del Planeta son consecuencia de nuestros acuerdos y nada más. Además, estos acuerdos de género enraizados afectan a muchos otros aspectos de nuestra vida que son mucho más profundos, y que nos influyen en ámbitos profesionales, en el reparto de las tareas domésticas, en la confianza en nosotros mismos, en el aprendizaje de habilidades, etc.

Obsesión

Cuando la pasión y el deseo pasan de ser un fuego bien cuidado a un infierno arrasador es cuando encontramos la consecuencia realmente negativa del deseo, la obsesión.

La obsesión es una expresión del amor condicional. Cuando la obsesión te domina y lleva el deseo y la pasión por el camino de la destrucción, es posible que emitas juicios propios negativos que influyan en tus acciones. «Si no consigo este trabajo es que soy un fracasado. Esta es mi única posibilidad de ser feliz. Si no me caso antes de los treinta y cinco, me quedaré sola para siempre y quedará claro que no soy digna de amor.» Estas y muchas otras convicciones pueden distorsionar tus deseos y sueños y convertirlos en condiciones en las que debes tener éxito a toda costa. Y eso no es la libertad.

En un apartado anterior del libro he mencionado que la comparación y la competitividad pueden avivar el infierno de la obsesión. Por eso, ser consciente de tu tendencia a compararte y competir con otros puede ayudarte a descubrir ejemplos en los que tu pasión y deseo auténticos se han pervertido. En el Sueño del Planeta actual, la comparación y la competitividad suelen verse como fuerzas que nos ayudan a avanzar, pero eso solo es cierto a corto plazo. A la larga, es mucho más probable que conduzcan a más juicios propios o a encasillarte en un sentido falso de identidad, el «yo» domesticado. A medida que tu dependencia de la identidad menor se refuerza debido a la comparación y la competitividad, es probable que te moleste el éxito de los demás, como si la vida fuera un juego de suma cero. También es posible que te rechaces cuando no das en el clavo.

Intenta percibir cómo compites con los demás, ya sea en el trabajo, en la familia o en los círculos sociales. Sé consciente de las comparaciones que haces con respecto a las posesiones materiales, ingresos o atributos físicos. Es una costumbre mental para la mayoría de nosotros. Pero cuando operas desde esta perspectiva, a la larga te provocas más sufrimiento porque es un juego en el que nunca puedes resultar vencedor. Cuando lo juegas, pierdes claridad y el sentido de unidad, dentro de ti y con los demás, con todos los seres vivos, y con el universo mismo.

La clave para cambiar este comportamiento habitual empieza cuando te das cuenta de cuándo tu mente cae en él y aplicando entonces amor incondicional a la situación. Cuando dejas la narrativa de comparar y competir reconociéndola, aceptándola y dándote amor a ti y a los demás, inicias el proceso de transformación y recuerdas que todos formamos parte del *nagual*.

Por experiencia te digo que es muy posible perseguir tus sueños y pasiones con el amor incondicional como fuerza motivadora. Cuando es así, disfrutas persiguiendo el sueño y cumpliéndolo. También aprecias y aceptas el movimiento de la vida incluso aunque el sueño nunca se consiga. La libre expresión de deseo que se basa en el amor incondicional te permite celebrar el éxito de los demás tanto como el tuyo. Los guerreros toltecas mantienen el foco en el ser interior y saben que consiguen lo que necesitan, siempre, y que los demás consiguen lo que necesitan, en todo momento. Que quede claro que esto no significa que no deberías disfrutar de situaciones en las que la competitividad sirve para divertirse, como en los juegos o deportes. Yo, por ejemplo, soy muy apasionado cuando juego y miro eventos deportivos, y es innegable que la competitividad añade un elemento de emoción. La diferencia es que, cuando el juego o el evento terminan, la competitividad también termina en mi mente. Me encargo de no tomarme el resultado del juego en serio y no convertirlo en condición para mi felicidad y autoaceptación.

La clave en la Plaza del Fuego es aprender el arte del equilibrio. Cuando algo te apasiona y anhelas sobremanera, pregúntate si, sobre todo, alimenta tu yo menor, tu ego. ¿O es algo que te aporta gozo? A veces la respuesta a ambas preguntas es afirmativa. Cuando sea el caso, acuérdate de centrarte en el gozo.

El don de la destrucción

Es de todos sabido que el fuego tiene poder destructivo, ya sean unas cuantas ramas de cedro en una hoguera campestre o varias hectáreas de bosque. Pero también es cierto que la destrucción es una parte natural y necesaria de la vida.

El fuego ha formado parte de la vida ceremonial de las culturas indígenas de las Américas desde tiempos inmemoriales, también como un sistema para mantener el paisaje natural. La quema controlada de vegetación en ciertos momentos del año o en ciclos de varios años fue y es esencial para la gestión del territorio. Perpetúa la cadena alimenticia natural y ayuda a mantener los ecosistemas esenciales. No obstante, muchas prácticas de administración territorial actuales prohíben las quemas. Sin embargo, los servicios forestales se lo están empezando a replantear, sobre todo después de varias temporadas de incendios forestales devastadores en el oeste de EE.UU. La práctica de las quemas controladas está respaldada en muchos casos desde un punto de vista científico: eliminan maleza, plantas enfermas y plagas; aportan minerales importantes a la tierra y favorecen el acceso de las plantas jóvenes a la luz solar y al agua creando espacios nuevos. Además, algunos árboles solo se reproducen con ayuda del fuego, como las gigantescas secuoyas.

También se puede venerar este tipo de destrucción, sobre todo por la manera como prepara el paisaje de tu vida para el renacimiento. Por supuesto, reconozco que es más fácil de decir que de hacer, especialmente mientras lidias con el caos inicial que supone un desmoronamiento, ya sea la pérdida de un puesto de trabajo o el fin de una relación. No obstante, puedes conseguir cierta perspectiva sobre la destrucción a partir de estas experiencias que te ofrezcan y te muestren el camino por el que avanzar.

Por ejemplo, hace muchos años, experimenté un momento de claridad profundo después de una ruptura complicada. La ruptura en sí fue tan dolorosa que, en cierto modo, me hizo temer volverme a enamorar. Es una respuesta típica ante el dolor y, desgraciadamente, no podemos acelerar el proceso de sanación, aunque duela muchísimo. Tenemos que atravesar el dolor y permitir que nos atraviese. Puede ser un momento tipo «lanzarse al fuego». Pero, tal como descubrí, cuando nos damos el permiso y el tiempo de dejar que la avalancha de emoción ardiente siga su curso, suele ir seguida muy de cerca por un periodo de sanación profunda.

Tras una experiencia tan poderosa, nuestra vida no puede volver a la «normalidad». Pero en cuanto estamos en el otro lado, solemos descubrir que tampoco es lo que queríamos.

Muchos de estos procesos dolorosos nos ayudan a avanzar hasta el siguiente capítulo de nuestra vida. En el caso de mi ruptura, por ejemplo, aprendí lecciones sobre mí mismo que me ayudaron a convertirme en la persona de la que mi esposa se acabó enamorando.

Te enfrentas a tus miedos tras una ruptura o pérdida del amor siendo incluso más consciente de que tú eres la fuente de amor. No procede del exterior. En cuanto eliminas el miedo de la ecuación, aceptas el hecho de que a veces la gente nos deja y no pasa nada. Puedes permitir que la destrucción sea lo que es y no intentar controlarla. Está bien sentir que se tiene el corazón roto y el dolor de perder a alguien. Y no tienes por qué establecer otros acuerdos imperfectos motivados por el miedo a resultar herido de nuevo.

La clave consiste en abrazar la idea de permitir que el elemento fuego queme lo que ya no necesitas y hacerlo de manera consciente. ¿Qué necesitas quemar en tu vida para dejar paso a un crecimiento nuevo? Te invito a que dediques un momento ahora mismo para identificar un único aspecto o creencia que hayas empleado para apuntalar tu identidad falsa y permitir que el fuego metafórico del amor incondicional lo queme, de manera que puedes dar vía libre a nuevas oportunidades e ideas.

El fuego es un elemento dinámico y complejo. En todo momento son dos cosas a la vez: creatividad y destrucción. Por consiguiente, las lecciones que ofrece son también dinámicas y complejas. Pero cuando abordas el fuego con concienciación y atención equilibradas, descubres que la vida florece y se abre como una flor magnífica avivada por su deseo natural de abrazar el gozo bañado por la calidez del sol.

⌇⌇

EJERCICIO: ENCENDER LA CHISPA DE LA VIDA

El *nagual* recorre todos los elementos y a todos los seres vivos. Pero a veces es más fácil visualizarlo en forma de fuego: como una luz o energía radiantes que te atraviesa las células, o como electricidad pura chispeante, o como una bola de fuego y calor dinámica y agitada en el centro de la tierra, a la espera de que accedas a ella y la conviertas en la obra maestra creativa que es tu vida. A través de la metáfora del fuego, puedes notar cómo la energía motivadora del *nagual* te llama para que digas sí a la vida, para que bailes y cantes y te muevas con regocijo y entusiasmo. Y más allá de lo metafórico, también puedes aprender a notar esta energía con el cuerpo conectando con el *nagual* en el centro del mundo natural.

Para este ejercicio, busca un lugar en el exterior en el que estés cómodo y puedas estar relativamente tranquilo durante un buen rato. Si puedes estar en contacto físico con un elemento natural, mucho mejor: siéntate con la espalda apoyada en un árbol, o en una roca, o descalzo en la hierba. Acomódate en el sitio y respira hondo unas cuantas veces. Despréndete de toda preocupación o angustia que te separe del momento presente. Alarga la columna y reposa la cabeza con suavidad en lo alto de manera que te sientas relajado pero apoyado en la postura más enderezada posible.

Ahora imagina que eres un circuito de conexión, un conducto entre el fuego del cielo y el fuego en el núcleo de la tierra. Imagina un rayo de energía solar que desciende a través de tu cabeza y columna y viaja hasta lo más profundo de la tierra. Ahí accede a la bola de luz, calor y energía del centro del planeta, se funde con él y regresa a tu cuerpo a través de la base de la columna, asciende hasta la cabeza y se eleva hacia el cielo. Esta energía se mueve constantemente, desde el cielo hasta la tierra y viceversa, en una danza incesante de luz y movimiento y vida pura.

Permite que esta energía se expanda para inundar todo tu cuerpo y eliminar cualquier zona sombría o energía estancada. Siéntete encerrado en un huevo cálido de luz vibrante, sanadora y dorada. No hay nada que te separe de esta energía. Existe en tu cuerpo en todo momento y en los cuerpos del Sol y de la Tierra. Lo que pasa es que justo ahora la adviertes y reconoces. Es posible que incluso sientas un ligero cosquilleo o calidez en la piel mientras tu cuerpo recibe este influjo de energía refrescante de fuerza vital.

Permanece inmóvil unos minutos. No hace falta que hagas nada. Limítate a sentir cómo se mueve la energía y nota tu conexión con la tierra.

Cuando estés listo para acabar el ejercicio, imagina que la bola de luz que te rodea se va empequeñeciendo hasta convertirse en un pequeño brillo radiante que emana de tu plexo solar. Deja atrás un pozo lleno de energía nutritiva en todas las células de tu cuerpo, que luego se libera de vuelta al cielo y/o desciende a la tierra. Respira hondo unas cuantas veces más, abre los ojos y estírate. Si te sientes más enérgico que de costumbre, como si te hubieras excedido con el café, puedes «poner a tierra» el exceso de energía colocando las manos directamente en el suelo e imaginando que toda energía que no necesitas de forma inmediata se escurre y penetra en la tierra, donde se reciclará para nutrir y avivar a todos los seres vivos.

Que sepas que, aunque hayas enviado tu circuito de energía de vuelta al mundo, el *nagual* sigue fluyendo a través de ti y que, gracias a este ejercicio, todos los puntos de tu mente, corazón o cuerpo que necesitaban refrescarse se han vuelto a llenar de esta rica energía.

Si es la primera vez que haces un ejercicio como este, no te desanimes si no sientes nada físico o si las visualizaciones suponen un desafío para ti. El *nagual* está siempre ahí: eres tú, independientemente de que lo percibas o no. Y, al igual que con otros ejercicios de este libro, resulta beneficioso repetirlo de vez en cuando.

Cuando termines el ejercicio, presta atención a tus niveles de energía durante el resto del día. Fíjate en si notas diferencias en tu manera de abordar distintos proyectos. ¿Te sientes emocionado con algo nuevo o renovado con respecto a un viejo proyecto? También es un buen momento para reflexionar sobre objetivos, sueños y otros deseos que se te hayan pasado por la cabeza pero que quizá hayas desestimado por considerarlos poco realistas o inalcanzables. Míralos con ojos renovados a ver si hay algo nuevo que no hayas visto antes.

EJERCICIO: CULTIVAR EL GOZO EMPÁTICO

En este capítulo hemos hablado de que la comparación y la competitividad pueden convertir la búsqueda del gozo en una obsesión egocéntrica. Este ejercicio te ayudará a centrarte en el gozo en vez de en el ego. Se basa en una práctica budista que lleva el acertado nombre de «gozo empático», en la que cultivas una sensación de felicidad y gratitud consciente por los éxitos, bienestar y progreso de otras personas.

Al igual que con muchos otros aspectos de la maestría, empieza por la concienciación personal. Si te encuentras en una situación en la que otra persona ha conseguido o recibido algo que tú querrías para ti —un objeto material, un empleo, una relación o algún tipo de reconocimiento social— lo más probable es que lo primero que notes es que te invaden los celos o la envidia. En tal caso, intenta determinar el origen de estos sentimientos. ¿De dónde salen estas emociones? ¿Tienes una historia que contar sobre el tema? Fíjate en las ideas relacionadas con las comparaciones o la competitividad con respecto a la situación. Acto seguido, plantéate si y cómo has formado una identidad acerca de estas ideas. Cuanto más fuerte sea el sentimiento de envidia o celos, en mayor grado habrás vinculado tu identidad a él.

Ahora inhala y recuérdate de forma consciente que tú y la otra persona formáis parte del *nagual* y que todos recibimos exactamente lo que necesitamos, en todo momento. Sin excepciones. Por último, envía a la persona implicada felicitaciones y buenos deseos mentalmente. Es decir, celebra el éxito de la otra persona en tu interior. Esto puede resultar sumamente difícil en ciertas situaciones e incluso puedes tener la sensación de estar fingiendo. No pasa nada, estás incumpliendo un viejo pacto que ya no te sirve.

Al igual que con otras prácticas de este libro, espero que repitas este ejercicio a menudo y veas cómo te sientes después. Es probable que pronto sientas que tus sentimientos de envidia y celos disminuyen. E incluso puede que acabes alegrándote sinceramente por la otra persona. El otro beneficio de esta práctica es que, cuando consigas algo que alguien quiere, tu identificación con ello también disminuye. Notarás que ya no te sientes superior a otras personas. Tu percepción se vuelve clara porque lo cierto es que todos conseguimos lo que necesitamos, en todo momento. Todos formamos parte del *nagual*.

EJERCICIO: CONECTAR CON EL FUEGO

Aquí tienes un par de ejercicios menores para facilitar tu conexión con la pasión y la energía del fuego:

Fuego sagrado: El fuego centra la atención humana enseguida con un espíritu de reverencia y asombro. Por eso es un elemento de veras poderoso en las prácticas rituales. Incluso el mero hecho de encender una vela antes de escribir en el diario o de meditar puede enviar una señal potente a tu mente que indica que algo sagrado subyace al momento. El sonido de una cerilla al prenderse, el destello de la luz y el calor, son símbolos maravillosos de los nuevos comienzos. A mayor escala, cantar, bailar o incluso sentarse en un corro a contemplar una hoguera tiene algo de ancestral y estimulante.

Fuego purificador: Tal como hemos dicho con anterioridad en este capítulo, el fuego es también un símbolo poderoso de intercambio de lo viejo por lo nuevo. Para ello, plantéate realizar una pequeña ceremonia en la que escribas unos cuantos artículos de los que te gustaría desprenderte en tiras de papel y quémalos en una hoguera, contenedor para hacer fuego o incluso en un cuenco resistente al fuego. La familia de un amigo mío realiza esta ceremonia cada Nochevieja para marcar el fin del año ya pasado y abrazar el potencial del nuevo. Un año en que no tenían acceso a una hoguera, compraron algodón pólvora en una tienda que comercializa utilería mágica para el escenario y lo quemaron con unas velas, lo cual añadió misterio, belleza y dramatismo a un ritual familiar ya de por sí potente.

8

La Plaza de la Tierra

Un sacerdote entró en un pub y se indignó al encontrar a tantos de sus feligreses. Los juntó y los condujo a la iglesia. Entonces declaró con solemnidad: «Quienes deseen ir al cielo, que den un paso hacia la izquierda». Todo el mundo dio el paso menos uno, que se quedó donde estaba.

El sacerdote lo miró con expresión furiosa:

—¿No quieres ir al cielo? —preguntó.

—No —repuso el hombre.

—¿Piensas quedarte ahí y decirme que no quieres ir al cielo cuando te mueras?

El hombre se mostró asombrado.

—Por supuesto que quiero ir al cielo cuando me muera. ¡Es que pensaba que ibais ahora mismo!

Esta anécdota de Anthony de Mello ofrece una introducción adecuada para la siguiente parada de nuestro viaje: la Plaza de la Tierra.

Desde tiempos inmemoriales, la Tierra ha sido el símbolo de nuestros cuerpos físicos. Es natural porque, de hecho, nuestros cuerpos forman parte de la Tierra. La comida que ingerimos, el aire que respiramos, y el agua que bebemos pertenecen a los grandes ciclos del planeta vivo. Además, nuestras mentes cuentistas enseguida establecen conexiones simbólicas entre los huesos y los músculos de nuestro cuerpo y el suelo y las piedras que pisamos.

En la tradición tolteca, toda materia física se denomina «tonal» e incluye nuestro cuerpo, la Tierra, y todo aquello que podemos percibir con los sentidos físicos. No obstante, aunque es hermoso y milagroso, al final el *tonal* es inerte sin el *nagual*, pues está despojado del fuego energético y emotivo del ser. Podemos reconocerlo de forma intuitiva, aunque la gran mayoría de nosotros todavía confunde nuestro cuerpo físico con nuestro verdadero ser. Tomamos el *tonal* por el *nagual* y, como consecuencia de ello, tememos que cuando nuestros cuerpos mueran, será también nuestro fin. Confundir nuestros cuerpos con quien realmente somos es quizá el origen definitivo de todos nuestros temores. Por tanto, superarlo y llegar al entendimiento profundo de lo que somos y quien somos realmente es uno de los últimos obstáculos a los que uno se enfrenta para alcanzar la maestría de la vida. Personalmente, me encontré con esta realidad hace muchos años, en el lecho de muerte de mi tío. Lo tenía cogido de la mano cuando declararon su muerte cerebral debido a la hinchazón del cerebro. Pero incluso después de eso, seguía sintiendo su presencia. Tenía la mano cálida y viva. Lo sentía, aunque me dijeron que había fallecido. Luego, en un momento dado, dejé de sentirlo. Su calidez desapareció y pasé de tomar la mano de un ser vivo a sujetar un objeto inanimado. En aquel momento supe que el *nagual* había abandonado su cuerpo.

El hecho de estar presente en la muerte de mi tío me enseñó una de las lecciones más importantes de la vida: no soy mi cuerpo. Creo que en cierto modo lo creía antes de esta experiencia, pero, en ese momento, cuando noté que sucedía piel contra piel, supe a ciencia cierta que somos algo más que carne y huesos. La experiencia sustituyó a la creencia.

Cuando cuento esta historia a grupos suelo decir que el cuerpo está muerto en cuanto es concebido. Voy a aclararlo porque sé que puede dar pie a confusión. Lo digo para subrayar el hecho de que nuestros cuerpos se mueven porque el *nagual* los mueve. Todos los seres que viven y respiran forman parte del *nagual* y son expresiones de este: tú y yo y todas las personas que existen en la tierra en este preciso instante. Sin esta esencia vital (nuestros verdaderos yo), todo no es más que *tonal*. El cuerpo no es vida, nosotros le damos vida.

Avenida de los Muertos

En nuestro viaje por Teotihuacán hemos recorrido la Avenida de los Muertos y supongo que ahora ya has entendido el significado místico de este nombre. Aunque los aztecas lo nombraron así porque erróneamente creían que la avenida estaba flanqueada por tumbas de reyes pasados, en realidad la Avenida de los Muertos sirve para recordar con claridad que nuestros cuerpos avanzan hacia la muerte con cada paso que damos; todo lo que nace debe morir. No se trata de hacer una proclamación morbosa o pesimista. De hecho, es precisamente lo contrario. Cuando nos damos cuenta realmente de que es inevitable que nuestros cuerpos mueran y que estamos más cerca de la muerte ahora de lo que jamás hemos estado, recordamos que debemos centrarnos en estar vivos de verdad.

En la tradición tolteca, solemos hablar del ángel de la muerte: una sombra que camina junto a cada uno de nosotros en todo momento y en todas las situaciones. Insisto en que no debe resultar temible ni amenazador. No es más que un recordatorio de que nuestros cuerpos, así como nuestras posesiones físicas, son prestadas. Nunca llegamos a poseer esos bienes físicos. Y esta concienciación sobre la muerte puede usarse para profundizar en la conciencia sobre el presente y aumentar la felicidad. Por ejemplo, ¿qué estarías haciendo hoy si supieras que mañana el ángel de la muerte vendrá a buscarte? El maestro responde a esa pregunta al instante y con sinceridad: estaría haciendo exactamente lo mismo que estoy haciendo ahora. Los maestros viven cada día siendo plenamente conscientes de que podría ser el último, sin olvidar que nunca serás tan joven como hoy.

Esto no significa que hayan alcanzado algún tipo de vida imposiblemente perfecta en la que no existen los momentos de dolor ni las experiencias difíciles, sino que al lograr la libertad personal y reconocer la naturaleza temporal de su vida física, son capaces de aceptar cada momento tal como es con sus condiciones, para luego dejarlo marchar. La idea de la muerte camina con el guerrero tolteca como recordatorio de que este momento, justo ahora, es la única realidad; aceptar esa realidad sin aferrarse a ella o huir de ella es la verdadera libertad.

Los toltecas no están solos con respecto a esta práctica. Por ejemplo, los habitantes de Bután, conocidos por su alegría, siguen una práctica espiritual según la cual deben pensar en la muerte cinco veces al día. Al negarse a huir de la expectativa de la inevitabilidad de la muerte y dedicar cada día un tiempo consciente a cavilar sobre ella, los butaneses abrazan la incertidumbre de la vida, aceptan la perfección imperfecta del presente y se liberan de sus apegos. Saben que la muerte corporal forma parte inextricable de la vida.

Miedo a vivir

El miedo a morir es sumamente potente y generalizado. Tenemos ejemplos de ello en culturas de todo el mundo y periodos históricos que dan fe del deseo humano de vivir para siempre y evitar la muerte. Pero yo sugiero que nuestro miedo a vivir de verdad es incluso mayor que nuestro miedo a morir. Creo que tememos sobremanera la magnitud de lo desconocido, todos los posibles errores y equivocaciones que podemos cometer (y la voz estricta del parásito insistiendo en que siempre fracasaremos).

Esta aversión a la incertidumbre hace que nos resulte difícil hablar abiertamente sobre la muerte. Al igual que con la sexualidad, nuestra cultura nos ha domesticado para que guardemos silencio sobre este tema. El pacto subyacente parece ser que, si nunca hablamos de la muerte ni hacemos planes o mantenemos conversaciones con nuestras familias y amistades sobre el tema, por arte de magia no se producirá. Pero, por supuesto, todos hemos experimentado, o acabaremos experimentando, la pérdida de un ser querido. Y nosotros también moriremos algún día. Así pues, la muerte es tanto un potente recordatorio de que el *tonal* es de naturaleza temporal como una invitación de bella factura para emplear nuestro tiempo con sabiduría, para no darlo por supuesto. A partir de ahora mismo, puedes ser el artista de tu vida y pintar tu obra maestra. No hace falta esperar. En este momento estás vivo.

Además, si bien lo que entendemos por muerte física es algo que todos experimentaremos algún día, en un nivel más profundo, la muerte no es más que una historia escalofriante creada por la mente humana. No me malinterpretéis: es natural sentir dolor y tristeza por la pérdida de un ser querido. Pero el guerrero tolteca reconoce que la muerte solo se produce en el *tonal*, el cuerpo físico, que llega a su fin. La energía, la esencia, el *nagual* continúa hasta la eternidad. Cuando aceptamos plenamente esta realidad, empezamos a sanarnos. Nuestra cultura presenta la vida y la muerte como opuestos, pero lo cierto es que el nacimiento y la muerte son los verdaderos opuestos y entre ellos abarcan la existencia física del *tonal*. La vida misma, el radiante *nagual*, no tiene opuestos.

Si bien la tradición tolteca nos lo ha enseñado a lo largo de generaciones, la ciencia moderna también ha demostrado que la energía ni se crea ni se destruye, solo se transforma. Lo mismo puede decirse del agua, que forma parte de la energía de la vida. Nunca ha habido ni más ni menos agua en el planeta de la que hay ahora. Sencillamente pasa de estado gaseoso a líquido y a sólido en un ciclo interminable. Así pues, la energía que anima el cuerpo no «muere» sino que se transforma en otra cosa. La vida siempre continúa. Este es otro motivo por el que trabajamos con esmero para ser conscientes de la naturaleza ilusoria de nuestros yos menores, nuestras identidades del ego, porque están inextricablemente ligadas al mismo error fundamental que nos hace aferrarnos al cuerpo, o *tonal*.

El regalo del cuerpo

Si bien la tradición tolteca nos enseña que el *tonal* no es quiénes somos, también nos enseña que el cuerpo es un gran regalo que debe apreciarse. Por ello es importante analizar nuestras ideas domesticadas sobre el yo físico.

Juzgamos nuestro cuerpo. Lo rechazamos o deseamos que fuera distinto en cierto modo. O quizá lo descuidamos o lo castigamos con la excusa del progreso y la perfección. Prácticamente todos los habitantes del planeta sucumben a este error en mayor o menor grado. Pero aquí en la Plaza de la Tierra puedes establecer una relación nueva con tu cuerpo dándote cuenta de que es el regalo que has recibido para esta vida. En esta parte del viaje, aprendes a entrar en el cuidado sagrado y la liberación de tu propio cuerpo.

El cuerpo humano es un milagro. Tiene inteligencia propia que funciona fuera de la mente humana. Sin ningún tipo de estímulo por parte de la mente consciente y pensante, nuestros cuerpos toman el oxígeno que nos da vida, lo bombean por todo el organismo usando una red vasta y compleja, digieren alimentos, cicatrizan heridas y sanan moratones y arañazos y realizan infinidad de funciones críticas, todo por sí solos. Emplean unos centros de procesamiento asombrosos: ojos, orejas, lengua, piel, nariz, para captar la luz, el sonido, la textura, el sabor y el olor. La información de estos centros nos ayuda a movernos por el mundo, así como a percibir y disfrutar de las delicias de la comida, la danza, el arte y la música.

Pero cada cuerpo es distinto. Todos necesitamos distintas combinaciones de sueño, alimentos saludables, luz solar y ejercicio. Nos tientan distintas sustancias dañinas. Siendo consciente de tu estado físico, puedes abrir una línea de comunicación directa con la sabiduría de tu cuerpo. Los acuerdos existentes sobre el cuerpo pueden llegar a desdibujar esas líneas de comunicación de tu interior. Pero puedes convertir tales acuerdos en condiciones de autoaceptación y sentir curiosidad por ellos, explorarlos o llegar a un equilibrio en constante cambio.

Hoy en día, el Sueño del Planeta está plagado de un nivel de actividad casi implacable. Muchas personas sienten que apenas llegan al final de la jornada debido a una lista interminable de tareas y a la falta de tiempo para llevarlas a cabo. Como consecuencia de ello, nuestros niveles de estrés se mantienen siempre altos, lo cual nos afecta física, emocional y mentalmente. Pero la forma de manifestarse de este nivel de actividad, donde radica el equilibrio entre estar alegremente ocupado y estimulado en exceso de manera estresante, es distinta para cada persona.

Todos tenemos distintas domesticaciones y creencias acerca del trabajo, la pereza y el mérito y todos tenemos maneras distintas de conseguir descansar y equilibrarnos. Además, debemos asegurarnos de que no convertimos nuestra necesidad de equilibrio en otra condición o pacto. «Cuido fatal de mí mismo. Soy tan perezoso que no soy capaz de pasar un día sin hacer la siesta.» Por tanto, resulta vital abordar esta situación con verdadera concienciación y amplitud de miras hasta encontrar lo que resulte más beneficioso para ti.

Por ejemplo, quizá tengas el antojo de tomar un tentempié salado y luego te mortifiques diciendo que siempre comes «lo que no toca». No obstante, si te quedas quieto, respiras hondo varias veces y conectas con ese antojo con aceptación y amor, quizá descubras algo importante. Tal vez estés deshidratado. Y tu cuerpo sabe que, cuando tomas algo salado, es probable que a continuación necesites hidratarte. O quizá tengas falta de sodio, que es esencial para el funcionamiento adecuado del organismo. O quizá tu cuerpo te esté pidiendo que bajes el ritmo y te regales algo que te produce placer. Todos ellos son escenarios válidos y tú eres la única persona capaz de saber cuál es el que encaja contigo.

Una manera de conseguirlo es hacer pausas a lo largo del día para plantearte qué necesita tu cuerpo en ese preciso instante. ¿Necesita descansar? ¿Moverse? ¿Luz natural? Solemos hacer caso omiso de las señales sutiles que nos envía el cuerpo y solo les prestamos atención cuando se convierten en un grito de desesperación. La clave consiste en escuchar y abrir las líneas de comunicación antes de que se produzca ese grito.

Tómate tu tiempo para analizar cómo siente el placer tu cuerpo físico. No me refiero únicamente al placer sensual o sexual, aunque, tal como vimos en el capítulo anterior, también es importante. Algunos de nosotros hemos sido domesticados para menospreciar todos los placeres físicos, incluso en su forma más sencilla. De hecho, la represión del placer es una herramienta de control poderosa en el Sueño del Planeta.

Por este motivo, puede resultar útil empezar con pequeños actos que proporcionan placer a nuestro cuerpo. Por ejemplo, sentarse al sol. O poner los pies descalzos en agua fría. O darse un largo baño relajante. O decorar la casa con plantas y flores frescas. O llevar ropa que proporcione una buena sensación al cuerpo. O hacer la siesta. Si te encuentras con una reacción negativa, si te pones a pensar que estas cosas son fruto del egoísmo o una pérdida de tiempo, o que no las mereces, o que deberías estar haciendo algo por alguien, o que antes tienes que acabar de hacer todo lo que consta en tu lista de quehaceres, analiza tales reacciones. Quizá encuentres alguna domesticación velada acerca de la idea del placer y el autocuidado.

Si tienes la sensación de que la vida te agota, quizá sea una indicación de que tu parásito interno te ha engañado. Siempre que te fuerzas a hacer más o a conseguir más con la intención de ser más, significa que consideras que no eres suficiente tal como eres. La Plaza de la Tierra te recuerda que atiendas las necesidades de tu cuerpo. Descansa cuando necesites descansar; come cuando tengas que comer; muévete cuando necesites moverte. No obligues a tu cuerpo a hacer más por miedo y/o por ansiedad. Si tienes cubiertas las necesidades básicas de la vida y tu identidad se construye alrededor del agotamiento interminable, pregúntate por qué dices sí a la fatiga. ¿Qué aporta a tu yo menor?

Cuerpos de luz

La tradición tolteca nos enseña que el magnífico cuerpo humano, este gran regalo, está formado por luz y estrellas. Mi padre, Don Miguel Ruiz, en su libro *Los cuatro acuerdos*, relata la historia del antiguo chamán que alza la vista hacia el cielo nocturno y se percata: «Estoy hecho de luz. Estoy hecho de estrellas».

Resulta que la ciencia moderna ahora está de acuerdo con esta afirmación. Recientemente, los astrofísicos han explicado que los elementos de la tabla periódica que forman los bloques de nuestro cuerpo físico se originaron en las estrellas que se convirtieron en supernova hace millones de años. Así pues, nuestro cuerpo está realmente hecho de estrellas. Con respecto a la luz, si bien mucha gente sabe que no existiría nada en este planeta sin la luz del sol, los científicos también han descubierto que el cuerpo humano emite luz a un nivel que no es apreciable a simple vista.

Así pues, lo cierto es que nuestros cuerpos milagrosos forman parte del cosmos estrellado al igual que forman parte del planeta. De ahí que el Sueño del Planeta se haya convertido en el Sueño del Universo. Nuestra conexión física con las estrellas es otro motivo por el que en la tradición tolteca no hace falta que haya separación entre el cielo y la tierra. Puedes crear el cielo en la tierra ahora mismo dándote cuenta de que eres el *nagual* y utilizando el regalo de tu cuerpo para ayudar a crear tu obra maestra.

El espejo de la verdad

Según un cuento antiguo, hace mucho tiempo la Verdad existía por encima de nosotros en lo alto del cielo en forma de un único espejo. Un día, el espejo se rompió y un montón de esquirlas cayeron en la tierra. Algunas personas cogieron una única esquirla y proclamaron que era la verdad, otras recogieron el máximo de esquirlas posibles e intentaron juntarlas para formar una verdad distinta. Por supuesto, decidir que una o incluso unas cuantas esquirlas equivalen a toda la verdad parece una estupidez y, sin embargo, es lo que hacemos la mayoría de nosotros.

Sin embargo, la excepción que confirma la regla quizá sean las figuras históricas y culturales que conocemos como los charlatanes o los locos. En muchas tradiciones, los locos son sagrados. Están más próximos que la mayoría de nosotros a la verdad, porque, en vez de intentar aferrarse a una única esquirla del espejo, tienen los pies bien plantados en la tierra del no saber, en la calle del revés, en la casa donde se dicen cosas que los demás no quieren escuchar. Pasan por estancias de gozo, incertidumbre y paradoja, todas las cuales reflejan una versión de ese espejo de la verdad que es más de lo que cualquiera de las esquirlas puede mostrar de forma individual. Los charlatanes y los locos tienen mensajes importantes para nosotros, pero les da igual si los escuchamos o no. Saben que tienen tantas posibilidades de equivocarse como nosotros. Nos devuelven nuestro propio reflejo, a veces en nuestros momentos más ridículos o penosos. Son maestros a la hora de cambiar de forma y manipular la perspectiva, nos muestran un mundo del revés.

Los toltecas también hablaron de un gran espejo de la verdad que existe en la Plaza de la Tierra. Imagínate por un instante que estás en la Plaza de la Tierra en plena noche tras varios días de lluvia. Los cielos se han despejado pero la plaza está inundada y ahora es un charco inmenso, calmo y liso. Las estrellas están suspendidas en un cielo negro como el tizón. Este es el lugar en el que recuerdas a tu cuerpo físico y lo honras como un regalo. Es donde entiendes que tu vida en la tierra es un regalo de la muerte y que se te puede arrebatar en cualquier momento. No obstante, la Plaza de la Tierra te ofrece una percepción más profunda antes de marchar.

Entras caminando en el charco poco profundo y dejas que las aguas recuperen la quietud a tu alrededor. Bajas la mirada hacia los pies, al suelo, tu hogar. Pero en vez de ver las piedras y la tierra que estás acostumbrado a ver ahí, ves las estrellas. Las galaxias a tus pies. El mundo vuelto del revés. Caminas en las estrellas, de pie en un espejo del universo y te das cuenta: sí, por supuesto. Estás a gusto en tu cuerpo, con los pies en el suelo, como hijo de la Madre Tierra. Pero también lo eres de las estrellas, también eres un cuerpo de luz. Nunca has sido solo material, solo *tonal*. Eres y siempre has sido *nagual*.

EJERCICIO: VISUALIZACIÓN Y MEDITACIÓN SOBRE LA MUERTE

Cuando empieces este ejercicio quiero dejar claro que no tiene por objetivo que te obsesiones con temas deprimentes o lúgubres. El propósito es cultivar tu amor incondicional por el presente y por el regalo de tu cuerpo. Lo cierto es que, cuanto más te enfrentes a tus temores sobre la muerte, más libre serás.

En este ejercicio, visualizarás tu funeral. Ic sugiero imágenes de los símbolos asociados con los últimos ritos en tu cultura, tal vez flores o una iglesia. En mi caso, veo la flor de la caléndula, ya que se ha convertido en un símbolo de lo que constituye un funeral y de las celebraciones del Día de los Muertos en nuestra cultura. Si quieres emplear otras imágenes para que tu visualización sea más personal y auténtica, adelante.

Para empezar, busca un lugar donde puedas sentarte cómodamente sin interrupciones durante unos veinte minutos. Adopta una postura cómoda pero no tan relajada como para quedarte dormido. A algunas personas les gusta tumbarse para esta meditación de manera que visualicen su muerte de manera más física. De todos modos, si optas por esta postura intenta hacer la meditación temprano para no caer en la tentación de echar una cabezada.

Permítete relajarte al máximo. Respira de forma lenta y profunda varias veces e imagina una ola de luz cálida y dorada que se desplaza lentamente desde la coronilla hasta los pies y que relaja todo tu cuerpo a medida que te atraviesa. Si percibes ansiedad mental o tensión corporal, dedica algún tiempo a reconocerlas y soltarlas. Permite que se muevan a través de ti y más allá, como las nubes que pasan por encima de una montaña.

Ahora imagina tu funeral o ceremonia: en un parque o en una zona en plena naturaleza, en un lugar de culto, o en tu casa. Imagina un lugar que encaje contigo. Elegir un lugar real puede ayudar, donde hayas estado antes y que te resulte fácil de evocar.

Imagina que flotas ligeramente por encima de este lugar, ya que ahora eres una presencia consciente sin forma física. Empieza a fijarte en las personas que llegan: seres queridos, amigos, familia. Todos se reúnen alrededor de una mesa que se ha montado como espacio conmemorativo. En la mesa hay fotos de ti a lo largo de tu vida, ramos de flores preciosas y un ataúd con tu cadáver: tu *tonal*. El ataúd está abierto. Imagina ver tu cuerpo yaciendo en el ataúd después de que tu fuerza vital, el *nagual*, lo haya dejado.

Cuando miras al resto de los presentes, ves que están formados de luz radiante. Cuando miras a tu alrededor, te das cuenta de que esta luz se refleja en todos los seres vivos que te rodean: la corteza de los árboles, las briznas de hierba, en todo. Ahora ves que todos los seres vivos forman parte de esta luz intensa e increíble, pero que los presentes no lo saben. Te das cuenta de que tú también eres un ser de luz pura y que siempre lo has sido. Sientes que en tu interior se forma una oleada de amor y gratitud inmensos.

Mientras tus amigos y seres queridos se consuelan entre sí, dedica algo de tiempo a cada uno de ellos y bendícelos. Deja que el amor y la gratitud que sientes por tu vida en la tierra se distribuya y alcance a todo el mundo, que se expanda hasta el cielo y entre los árboles. Tu muerte no es más que el fin de tu cuerpo físico, que regresará a la tierra. Este cuerpo brillante de luz que queda detrás vive para siempre. Cuando te des cuenta de ello, deja que la luz se torne más intensa y brillante, que se desplace y se funda con la luz que emana de todos los demás seres vivos. Di estas palabras en voz alta o para tus adentros, y siente su verdad: «Nunca nací. Nunca moriré. No soy mi cuerpo físico, soy el *nagual*».

Permanece en la meditación durante unos minutos más, repitiendo este mantra tantas veces como desees. Cuando sientas que la meditación ha llegado a su fin natural, recobra poco a poco la conciencia de tu cuerpo. Mueve los dedos de las manos y de los pies, los brazos y las piernas. Abre los ojos poco a poco. Sigues siendo el *nagual*, pero también estás vivo en un cuerpo vivo, formas parte de la tierra. Llegará el día en que tu cuerpo físico muera, pero tú nunca morirás.

EJERCICIO: ESCUCHA A TU CUERPO

Hoy en día muy pocas personas son capaces de decir que les gustan todas las partes de su cuerpo físico sin reparos. Estamos tan inmersos en las domesticaciones y acuerdos que nos hacen ver alguna parte de nuestros cuerpos o incluso todo nuestro cuerpo como inferior de algún modo. Nuestros cuerpos nunca parecen ser lo bastante atractivos, atléticos, jóvenes, enérgicos, altos, delgados. Como consecuencia de ello, solemos dejar de prestar atención a sus necesidades legítimas y nos centramos en lo que creemos y aceptamos que «necesitan». «Debería pesar diez quilos menos. Debería tener menos canas. Debería correr tres kilómetros al día.» Este ejercicio puede ayudarte a escuchar realmente a tu cuerpo y aprender sus verdaderas necesidades.

Dedica algún tiempo en tu diario a plantearte la relación que tienes con tu cuerpo teniendo en cuenta todo lo que has aprendido en la Plaza de la Tierra. Es un tema difícil que puede provocar reacciones emocionales profundas, así pues, abórdalo con compasión, clemencia y delicadeza. Ve lentamente y ten cuidado con las trampas en las que el *mito-te* pueda intentar convertir una necesidad real en una condición o un «debería». Hay diferencia entre cuando tu cuerpo te dice que necesita moverse más y una voz interior que te diga que eres perezoso y no haces suficiente ejercicio.

Más abajo tienes algunas preguntas de muestra para plantearte dos o tres veces al día. No es una lista exhaustiva, pero las preguntas de este tipo pueden ayudarte a convertir este ejercicio en una práctica regular para comprobar el estado de tu cuerpo físico bajo un nuevo prisma.

¿Cómo se siente mi cuerpo? Conéctate con tu cuerpo en este momento. ¿Cómo se siente? Intenta describirlo sin emitir ningún juicio de valor. ¿Tienes frío? ¿Calor? ¿Sientes algún dolor? ¿Estás cansado? Si es el caso, ¿qué significa? ¿Estás físicamente cansado o sería más apropiado decir que estás emocionalmente cansado o aburrido?

¿Qué necesita mi cuerpo? Pregúntate qué es lo que más necesita tu cuerpo en este momento. ¿Necesita descansar? ¿Un vaso de agua? ¿Un paseo rápido por el barrio? Vuelve a escuchar con atención e intenta distinguir entre lo que tu mente y sus acuerdos piensan que tu cuerpo necesita y lo que tu cuerpo te pide realmente ahora.

EJERCICIO: CONECTAR CON LA TIERRA

Aquí tienes un par de ejercicios más sencillos para ayudarte a conectar con la naturaleza elemental de la tierra:

Construye un santuario para tus ancestros: La muerte forma parte de tu vida corporal. Cuanto más hagas para asimilar esta verdad y aprendas a vivir con ella sin miedo y con gozo, de más libertad disfrutarás. Dado que la muerte no es el final, tu relación con tus seres queridos va más allá de ella. Por consiguiente, quizá comunicarte con los seres queridos fallecidos te ayude a conectar con las realidades potentes y terrenales de la muerte. Una forma de hacerlo es creando y conservando un santuario para tus ancestros. Puede ser algo elaborado: con velas, comida, bebida, flores, etc., o sencillo como una fotografía con una pequeña vela votiva delante. Lo importante es pasar al menos unos minutos con el altar de forma regular (una vez por semana o incluso cada día), diciendo a tus ancestros que los quieres. Si es posible, intenta realizar alguna meditación o reflexión sobre la muerte y su función en nuestra vida física. Imagina que la misma energía que animó sus cuerpos anima el tuyo.

Explora una cueva: Si tienes la posibilidad, pasa algún tiempo en una caverna o una cueva. Quizá haya alguna en tu zona que ofrezca visitas guiadas. Presentan una oportunidad increíble de sumergirte en las profundidades del mundo y ver las maravillas y la belleza que suele ocultarse en los lugares escondidos y secretos de la tierra. Algunos guías permiten pasar unos minutos en la oscuridad absoluta, lo cual ofrece momentos profundos para la meditación y la reflexión. Respira hondo y envía tu gratitud, asombro y sorpresa a la Madre Tierra. Es tu hogar. Esta tierra que está más allá de ti, este cuerpo. Puedes correr, conducir, pisotear y hacer volteretas todo el día y no pensar nunca en cuánto apoyo te brinda la tierra en todo momento. Dedica un momento a dar las gracias.

9

La Pirámide de la Luna

La Luna ha sido desde tiempos inmemoriales un símbolo de reflexión y renovación. Como la Luna se renueva cada veintinueve días en un ciclo de renacimiento constante, ofrecía una plantilla natural para marcar el paso del tiempo en los primeros sistemas de calendario. Además, muchas civilizaciones antiguas vieron un vínculo simbólico entre los ciclos de la Luna y el ciclo reproductivo femenino, un vínculo que apreciamos en mitos y leyendas relacionados con las diosas lunares.

Cuando pensamos en la capacidad de la Luna para mover los océanos con su fuerza gravitacional y lo combinamos con el hecho de que nuestros cuerpos están formados mayoritariamente por agua, es fácil comprender por qué la Luna ha fascinado tanto a culturas de todo el mundo. Y la majestuosidad, misterio y naturaleza cíclica de la Luna puede ayudar a comprender los ciclos inherentes en nuestra vida y en el viaje espiritual de cada uno.

Tal como tratamos al comienzo de este libro, una manera de ver el viaje necesario para la maestría de la vida es una espiral que se intensifica. A lo largo de la vida regresarás a las mismas lecciones una y otra vez. Pero también llevas contigo todo el trabajo realizado. No tienes que frustrarte cuando afloren las mismas reacciones emocionales, porque estás intensificando la espiral al lidiar con ellas. Al igual que toda práctica espiritual seria, este viaje nunca «termina» ni es «perfecto». Se trata de un proceso vivo, cambiante y creciente que se prolonga en el tiempo, como la Luna.

Aquí en la Pirámide de la Luna te paras a descansar, a renovarte y a reflexionar sobre el viaje que llevas realizado. Aquí empiezas a ver el poder de tu viaje como representación física de la serpiente bicéfala emplumada del dios Quetzalcóatl. Empezaste en la Plaza de Quetzalcóatl con las voces distorsionadoras y dañinas del parásito y el juez. A medida que pasaste por las plazas de la mente y de los elementos, aprendiste a confrontar y deshacerte de los acuerdos inútiles y creencias limitadoras. Ahora te encuentras al pie de la Pirámide de la Luna, un espacio intermedio en el que ya no estás en tu vieja vida, pero tampoco en la nueva. Has examinado las identidades que creaste a lo largo del camino y ahora puedes regresar de forma simbólica a la Madre, al útero, a un lugar de completitud en el que exististe antes de que tus domesticaciones basadas en el miedo se adueñaran de ti. En este sentido, esta fase del viaje —ascender a la Pirámide de la Luna— es una especie de renacimiento.

Dediquemos un momento a revisar las distintas rendiciones que has realizado a lo largo del viaje. Tras salir de la Isla de la Seguridad, el hogar de tu yo menor y sede de la identidad a la que siempre te has aferrado, pasaste por la Plaza de la Mente, donde aprendiste a identificar, investigar y liberarte de las domesticaciones de escasa utilidad que ahí residen. Empezaste a practicar el dominio de la concienciación: la herramienta principal usada para sanar la mente. Luego visitaste la Plaza del Agua, donde aprendiste a reconocer tus estados emocionales y a ver cómo tu parásito se apropia de tus emociones para mantenerte atrapado en viejas historias y comportamientos. Aprendiste a emplear el perdón y liberar y purificar tu cuerpo emocional, equilibrando su sabiduría con la de la mente. En la Plaza del Aire, te comprometiste con la claridad de visión y abrazaste la verdad de la posibilidad infinita, aprendiendo a confiar en tu intuición a fin de convertirte en el artista de tu vida. En la Plaza del Fuego, quemaste la ilusión de separación y reconectaste con el espíritu apasionado que fluye por ti y crea la vida misma. En la Plaza de la Tierra, te enfrentaste al miedo a la muerte y abrazaste la paradoja de vivir una vida en el regalo de un cuerpo físico como expresión única y diferenciada del *nagual*.

Y a través de todo ello has estado sanándote.

Mientras reflexionas acerca del trabajo realizado a lo largo del viaje, quizá te percates de que todos, tú, yo y todos los demás, somos al mismo tiempo completamente únicos, pero totalmente iguales. No eres tu cuerpo, ni tus pensamientos ni tus emociones, pero eres el *nagual* que lo creó todo. Estás conectado conmigo y yo contigo. Ambos somos el *nagual*. Somos las estrellas y el Sol. Somos la verdad. Creamos todo lo que conocemos y el conocimiento nos obedece, no al contrario. Ahora nuestra mente es la aliada que ya no distorsiona nuestro conocimiento ni nuestra percepción de la vida.

No necesitas ni gurús ni sacerdotes porque la verdad siempre ha estado en tu interior. Esto es lo que llevas buscando toda tu vida; sencillamente has reconocido esta búsqueda en tu viaje. Sabes que lo divino está en tu interior y que ya no tienes que buscarlo. Sabes que el infierno solo existe en tu mente, y solo en el momento en que decidas castigarte o herirte.

Al comienzo de este viaje dijimos que Teotihuacán puede traducirse como «el lugar donde los humanos reconocen la divinidad de su interior». Cuando salgas de la Avenida de los Muertos y te encamines a tus últimos dos destinos, la Pirámide de la Luna y la Pirámide del Sol, irás más allá del ámbito humano limitado y comprenderás el lugar inmenso que ocupas en el universo: tu divinidad.

La Madre Luna

La Pirámide de la Luna invita a la gente de todas condiciones a explorar lo femenino. Aunque todos contamos con energía masculina y femenina en nuestro interior, la mayoría de nosotros se inclina claramente hacia una u otra, a veces por las domesticaciones que nunca nos cuestionamos y otras porque sencillamente encajan con nosotros. Usamos estos acuerdos para forjar parte de nuestra identidad. Y el mero hecho de que hayas emprendido este viaje para deshacerte de tu identidad falsa, no significa que ya no vayas a usar más estas energías. La diferencia radica en que ahora permitirás que fluyan a través de ti con libertad cuando las necesites, en vez de aferrarte a ellas y no soltarlas.

Plantéate qué significa para ti y tu vida la energía femenina. ¿Y la masculina? Recuerda que no tienes por qué aceptar o estar de acuerdo con las definiciones ajenas de lo femenino y lo masculino porque, al fin y al cabo, se basan en acuerdos. Cuando piensas en símbolos de la energía femenina, pueden inspirarte iconos tan distintos como la Virgen María o la diosa hindú Kali. Puedes inspirarte en mujeres y hombres de tu propia vida, en antepasados, personalidades del mundo de la cultura o incluso en los aspectos femeninos de la naturaleza existentes en animales, plantas y en la geografía.

Mi abuela ha sido desde siempre una fuerza matriarcal en mi vida, aparte de haber tenido una influencia profunda en el trabajo de mi familia. Era chamán y curandera. Enseñaba en un pequeño templo espiritual llamado Nueva Vida, en Barrio Logan de San Diego. Todos los domingos, llevaba a cabo lo que se denominaba «cátedra», una enseñanza espiritual similar a una misa. A través de la oración, entraba en trance y el Espíritu hablaba a través de ella. Emprendió un viaje astral interior que le permitió practicar su fe. Durante la semana, realizaba sanaciones y consultas. Fue la primera mujer a la que el Estado de California pagó para ser curadora espiritual en Casa Familiar, un centro de participación comunitaria en San Ysidro, California en la década de 1970. Años después, fue incluida en el Paseo Femenino de la Fama de San Diego por su labor en la comunidad y sus logros para mantener la tradición familiar espiritual viva.

En la actualidad, el poder femenino de mi abuela sigue siendo clave para las enseñanzas de mi familia. Pero incluso en mi casa y en mi familia, siguen existiendo acuerdos fuertes sobre los roles de género. Por ejemplo, mi mujer y yo nos hemos comprometido a compartir las tareas del hogar. Cuando ella cocina, yo lavo los platos y viceversa. También hago la colada. La primera vez que mi madre vio esta dinámica, se enojó mucho. A ella la educaron con la idea de que ciertas tareas eran para las mujeres. Primero se enfadó conmigo porque hacía lo que «no tocaba» como hombre. Luego se enfadó con mi esposa por no «cuidar» de mí. Quiero a mi madre y la respeto mucho, pero si le permito dictaminar qué tipo de hombre debo ser, volvería a la casilla de salida. Desaprendí muchas de las enseñanzas de mis padres para domesticarme. Los acuerdos que a ellos les servían y su amor siguen siendo ciertos hoy en día. Sin embargo, mi mujer y yo hacemos lo que nos parece auténtico. Hemos creado una cultura nueva para nosotros y nuestra familia, con nuestro amor y nuestros acuerdos. Estoy convencido de que mis hijos crearán los suyos a su debido tiempo.

Todo esto es para decir que debemos tener cuidado con las domesticaciones acerca de lo que significa ser hombre o mujer. Todos llevamos estas suposiciones y distorsiones en nuestro interior y es perfecto. Solo pido que continúes practicando la concienciación, que saques a la luz los acuerdos existentes y distorsiones de estas ideas que han cimentado tu amor condicional y descubras qué quieres hacer y cómo quieres expresar tu amor.

Me gusta pensar en el poder femenino y masculino con respecto a acciones en vez de descripciones. Así pues, en vez de decir que alguien es dulce o cariñoso, me fijo en qué hacen realmente cuando echan mano del poder femenino. Tal vez estén reconfortando, sanando o escuchando. Tal vez sean protectores como cuando se habla de «mamá oso», o quizá estén intuyendo y confrontando un problema oculto que nadie más ve. Esto me permite pensar en aplicar de forma activa mi poder femenino en el trabajo y en la vida. Así, mantengo equilibradas las energías femeninas y masculinas en mi interior, sin que sirvan para determinar mi identidad.

Dobles energéticos

La ciencia moderna ha descubierto que el cuerpo renueva todas sus células cada siete años. Así pues, en cierto sentido literalmente no hay ninguna parte de tu *tonal* que sea la misma que hace siete años. En un sentido más simbólico, puedes emplear esta idea de los seres múltiples como herramienta para realizar cambios en tu vida y para sanarte. ¿Has pensado alguna vez en ti como si fueras más de una persona? ¿O comprendido que tienes un «viejo yo» que es de hecho totalmente distinto de tu yo actual?

Cuando llevamos a grupos a través de Teo, al llegar a la Pirámide de la Luna animamos a las personas a visualizar a sus dobles energéticos para darles un poco de perspectiva externa en esa otra versión de ellos mismos. Tras ascender a lo alto de la pirámide, reposan en la superficie plana y juntos imaginan que nuestros dobles dan un brinco y penetran en el centro de la pirámide, llevándose con ellos todos nuestros acuerdos pasados y entregándonos a una nueva vida. Es nuestro renacer.

El Poder de la Intención

En lo alto de la Pirámide de la Luna también experimentas la libertad de tu «intención», una palabra que tiene un significado especial en la tradición tolteca. Imagina durante unos instantes que eres un águila que sobrevuela un valle impoluto. Sientes la claridad del elemento aire a tu alrededor mientras admiras el paisaje que se extiende ante ti. Entiendes por primera vez, a través de tu increíble sabiduría, que lo que creías que te retenía —pensamientos, historias, emociones— ya no te controla. Tienes el poder de ver a través de ellos, de encontrar sus orígenes, de reescribirlos, sentir cómo fluyen y dejarlos ir. Tus miedos psicológicos ya no te controlan. Es la liberación que sientes en lo alto de la Pirámide de la Luna. Es la nueva vida que has reivindicado a través del arduo viaje y de tu intención. A partir de aquí y de ahora, practicarás tu concienciación de forma consciente. Ahora, al comienzo de tu nueva vida, tú decides dónde aplicar tu energía *nagual*. Tú decides cómo entregar tu espíritu único y apasionado al mundo, desprovisto de sus acuerdos y creencias pasadas, y tú crearás tu obra de arte con intención impecable. Tú serás quien se exprese, ame y se acepte y quien viva con el reconocimiento de que todo lo que experimentas procede de ti, deriva de tu intención. Cuando te das cuenta de que la intención es lo mismo que el amor incondicional, las cumbres infinitas que puedes crear, disfrutar y explorar no conocen límites.

〰〰〰〰〰〰〰〰〰〰〰〰〰〰〰〰〰〰〰〰〰〰〰〰〰〰〰〰〰〰〰〰

EJERCICIO: RETIRO DE REFLEXIÓN DE UN DÍA

Has realizado un gran trabajo personal. Has explorado muchos aspectos profundos de tu ser interior. Este ejercicio puede ayudarte a dar los primeros pasos en el mundo para verlo con ojos renovados y con una nueva sensación de libertad. Es un paso gigantesco y trascendente, por lo que conviene dedicar algún tiempo a reflexionar y descansar a fin de asimilar las lecciones que has aprendido y prepararte para cruzar el umbral de la transformación personal.

Si bien este ejercicio se plantea en forma de retiro de un día, puedes destinarle un par de horas si tus horarios no te permiten dedicarle un día entero. No obstante, intenta que el retiro sea lo más largo posible, puesto que aumentará los beneficios.

Durante el tiempo que dure el retiro, comprométete a apagar el televisor, el teléfono móvil, el portátil y cualquier otro dispositivo electrónico que pudieras usar. Dedica algún tiempo previo a limpiar y ordenar el espacio que vayas a utilizar a fin de centrarte en relajarte y disfrutar del mismo. Es un tiempo sagrado contigo mismo.

Aquí tienes unas cuantas sugerencias para practicar la concienciación durante el retiro.

Prepárate una comida. Baja el ritmo y aprecia cada uno de los ingredientes. Fíjate en cómo huele (tomillo) en comparación con su olor combinado con otros ingredientes (el tomillo añadido a cebollas que se estén rehogando). Siente la textura de cada hortaliza, nota su color. Intenta centrarte únicamente en lo que estás haciendo en ese momento sin pensar en otros asuntos.

Sé agradecido: Cuando te sientes a comer, dedica unos instantes a centrarte. Respira hondo y permítete agradecer la comida que tienes delante, el tiempo que te ha llevado prepararla, las personas que la cultivaron, etc.

Date un gusto: Elige tu comida o postre preferido y tómalo lentamente, saboreando cada bocado. No se trata de un retiro de «vida sana», la idea es disfrutar del cuerpo físico que se te ha entregado.

Medita: Siéntate a meditar tal vez una de las meditaciones o visualizaciones que aparecen en este libro. Fíjate en si te sientes distinto ahora que estás a punto de completar el viaje.

Sal: Ve a dar un largo paseo en un entorno natural. Detente de vez en cuando y quédate quieto para prestar atención al mundo que te rodea: cómo sopla el viento, la sensación de aire frío o caliente en la piel, la gravilla bajo tus pies, el sonido de los pájaros o de los aviones o de otras personas que estén cerca. Intenta no juzgar si alguna de estas sensaciones es mejor o peor que otras. Limítate a sentir, oler o escuchar.

Haz la siesta: Si te sientes cansado a mediodía, escucha a tu cuerpo y haz la siesta. Piensa en poner música relajante o abrir la ventana y dejar entrar aire fresco mientras dormitas. Los buenos olores, como el que se desprende al cocinar o al quemar incienso también pueden resultar útiles. Una amiga mía dice que algunas de sus mejores siestas han sido mientras otros cocinaban y que el olor a buena comida cociéndose a fuego lento la ayuda a caer en un sueño deliciosamente reparador.

Date un baño: Date un baño largo y relajante en la bañera. Añade aceites esenciales o sales de baño a discreción.

Haz ejercicio: Si practicas yoga o *qigong es el momento perfecto para hacer una sesión.*

EJERCICIO: DESPEDIDA

En este ejercicio, creas una imagen viva de ti, un recipiente en el que contener los viejos acuerdos y creencias que conformaban tu yo anterior, y luego lo lanzas al universo.

En Teotihuacán creamos a nuestros dobles energéticos en la Pirámide de la Luna y caminamos con ellos hasta lo alto de la pirámide, donde les decimos adiós y los dejamos ir. Pero también puedes hacerlo en casa. Tu diario puede resultar muy útil en este proceso, ya que ahora sirve como crónica escrita de tu viejo yo. Puedes usar el diario, junto con la ceremonia de visualización que aquí se ofrece, para decir adiós a la vieja versión de ti y dejar paso a la nueva.

Para empezar, busca un momento para pasar en un espacio privado en que no haya interrupciones. El lugar que utilices para meditar normalmente ya va bien. A continuación, prepara el espacio para la ceremonia añadiendo un elemento que evoque el espíritu y la majestuosidad de la Luna, como un cristal o una imagen lunar. Otra opción es que busques un lugar tranquilo en el exterior para llevar a cabo esta ceremonia a la luz de la Luna. Dedica entre treinta minutos y una hora, para que tengas tiempo de hacer la ceremonia entera.

Cuando hayas creado tu rincón sagrado, empieza revisando el diario. Mira las listas que hiciste al final de los capítulos 2 y 3. Repasa tu trabajo en la Plaza de la Mente y en las plazas de los cuatro elementos. Es la historia de tu viejo yo. Revisa esas percepciones una por una. Recuerda: tu diario es un relato de todas las maneras en que has creado una identidad. En cierto sentido, es tu doble energético.

Cuando hayas revisado tu diario, ciérralo y déjalo a un lado. Colócate en una posición que te resulte cómoda, ya sea sentado o tumbado, y cierra los ojos. Respira honda y pausadamente varias veces y céntrate en el momento actual.

Cuando estés relajado, imagina una semilla de luz en medio de tu pecho, justo por debajo del corazón, en el plexo solar. Con cada inhalación, imagina que la luz del *nagual* penetra en tu cuerpo y brilla cada vez más al hacerlo. Fíjate en la luz que te llena el torso, los brazos, las manos y los dedos, las piernas, los pies y los dedos de los pies, ascendiendo hasta la garganta y la cabeza. Con cada respiración, esta luz brilla más y llena todas las células de tu ser. En cuanto hayas hecho unas cuantas respiraciones profundas y la luz del *nagual* llene tu cuerpo, imagina que esta luz se duplica y sale de ti. Ahora la luz adopta la forma de tu cuerpo y se gira para mirarte. Imagina que la luz se atenúa en un brillo radiante pero menos intenso que tu propia luz e imagina que ves tus rasgos justo debajo de la luz de este doble. Dedica unos instantes a enviar una oleada de gratitud a este otro tú.

Conserva esa imagen delante de ti y plantéate otra vez todas las domesticaciones, acuerdos y creencias que estás dispuesto a soltar.

Acto seguido, imagínate tomando la mano de tu doble energético y, juntos, girándoos para colocaros ante el símbolo de la Luna en tu espacio sagrado, o la Luna real si estás en el exterior. Imagina que estáis de pie en la cúspide de la gran pirámide de noche, con la totalidad de la tierra oscura desplegada a vuestros pies hasta donde os alcanza la vista. Contempla la sorprendente bóveda de cielo estrellado que tienes encima. Por todas partes está todo iluminado con la luz plateada y reluciente de la Luna, que brilla directamente encima de vuestra cabeza.

Cuando estés preparado, suelta la mano de tu doble energético y obsérvalo mientras se alza silenciosa y alegremente en el cielo, llevando consigo todos los vestigios de tu viejo ser: los acuerdos y creencias que ya no necesitas y que ahora se entregan al universo para que se conviertan en *nagual* puro. Al hacerlo, imagina que te sientes más ligero, fresco, libre y repleto de esta novedad radiante y plateada. Es tu renacimiento. Es el comienzo de tu nueva vida, libre y completamente transformada, llena de amor incondicional y del arte de una vida vivida de acuerdo con su objetivo último.

Cuando sientas que el proceso está completo, regresa a la concienciación de tu *tonal*, tu cuerpo físico, de pie delante de tu representación de la Luna. Siente los pies plantados en el suelo. Mueve los brazos con lentitud y estírate un poco. Cuando estés preparado, abre los ojos y mira en derredor. El mundo quizá no haya cambiado, pero tú sí.

Acto seguido, te invito a que te desprendas de tu diario. Hacerlo es un símbolo de despedida de tu viejo yo. Si todavía no estás preparado para deshacerte de él, no pasa nada. Por ejemplo, quizá tengas algo que perdonar para lo que el diario te resulte de ayuda. Sabrás cuándo es el momento de desecharlo.

◇◇◇

10

La Pirámide del Sol

En 1609, Galileo Galilei apuntó con un catalejo casero a los cielos desde su casa y realizó una serie de observaciones que hizo cambiar la mentalidad de su tiempo. Su exploración demostró que, de hecho, la Tierra no era el centro de nuestro sistema solar, sino que giraba alrededor del Sol, junto con el resto de los planetas. Por supuesto, el gran regalo que redefinía la verdad científica fue recibido con miedo y desdén y Galileo pasó en arresto domiciliario los últimos diez años de su vida. Pero la verdad no podía atenuarse. Galileo había visto y medido la luz del Sol y su reflejo en los planetas al girar. Su entendimiento transformador disipó la ilusión de una Tierra inmóvil y sentó las bases del conocimiento profundo que se ha logrado a lo largo de los siglos.

Cuando empiezas el viaje para adueñarte de tu vida eres como Galileo. Empiezas en un punto determinado provisto de tus creencias. No te queda más remedio y no es algo negativo. Pero entonces tu curiosidad te lleva hacia una información nueva, hacia una mayor concienciación. Te transformas. Quizá te asusten tus descubrimientos, sobre todo si contradicen la sabiduría colectiva de tu familia y amistades. También es posible que asustes a otros con tu voluntad de contar lo que ves y sabes. Quizá intentes reprimirlo todo, regresar a tu Isla de la Seguridad, a la comodidad de tu identidad pasada. Pero la verdad no puede atenuarse, de hecho, existe independientemente de lo que tú creas. Es lo contrario a una creencia o un pacto, que dejan de existir en el momento en que dejas de creer en ella o de estar de acuerdo. En cuanto sabes la verdad, no puedes desaprenderla.

Al igual que durante mucho tiempo se creyó que la Tierra era plana y estaba inmóvil en medio del sistema solar, tu yo menor se pasa buena parte de los primeros años de vida intentando ajustarse a una versión de la realidad que lo coloca en el centro de todo. Sin embargo, ahora que has llegado a la imponente Pirámide del Sol, puedes despedir una luz que apagará esta ilusión de una vez por todas. A medida que te acercas al final del viaje, puedes mantener la compasión y perdonarte por los juicios pasados, por las identidades que aceptaste y por la manera como te has herido a ti y a los demás. Estás preparado para entrar en la calidez y luz vitales del Sol y crear un sueño totalmente nuevo.

Parado en la luz

La Pirámide del Sol es la mayor de todas las estructuras de Teotihuacán. De hecho, es una de las pirámides más antiguas del hemisferio norte. En el extremo de esta estructura colosal, el Sol y la Tierra hacen el amor para crear vida.

Desde la base de la pirámide se extiende una escalinata que va hacia el cielo, como si pudieras subir por ella hasta el mismo Sol. Hay dos escalinatas al pie que se unen en una única escalinata más amplia en el centro y que luego se separan en dos escalinatas paralelas y más estrechas. Cuando asciendes hacia la cima de la pirámide y vuelves la vista por donde has venido, ves el trazado de las escaleras detrás de ti. Los recorridos forman la silueta de una persona con los brazos alzados, como si el brillo del Sol dibujara la sombra enorme de una persona en el lateral de la pirámide. Es la fachada moderna de la pirámide, existente desde el proyecto de restauración liderado por el arqueólogo Leopoldo Batres y encargado por el General Porfirio Díaz a comienzos del siglo xx.

En mi tradición familiar, vemos el paso final como una bella metáfora de lo que sucede aquí a nivel espiritual. Es el lugar en el que vuelve a despertar tu divinidad, donde asciendes al infinito. La sombra indica el camino que debes seguir, paso a paso, hasta la cúspide de la pirámide. Que yo sepa, no existe ninguna cultura indígena en la Tierra que no respete y honre al Sol. En muchas culturas antiguas, el Sol se interpretaba como un dios o incluso como el dirigente de todos los dioses. No es de extrañar dado que ahora sabemos gracias a la ciencia que el Sol es lo que da vida a toda la materia de nuestro sistema solar. Sin él, nada de lo que consideramos vida existiría. Por eso el Sol, y la luz y calor que emite, es la representación física y simbólica más potente que tenemos del *nagual.*

El padre Sol

El Sol también representa la energía masculina de nuestro interior y podemos recurrir a ella siempre que lo necesitemos o queramos. Pero, al igual que con la energía femenina de la Luna, debemos ser conscientes de la tentación de caer en domesticaciones sobre él. No nos corresponde escoger o dictar cómo esta energía se mueve desde nuestro interior hasta el mundo; no necesitamos decir si es «buena» o «mala».

Al igual que todos tenemos energía femenina en nuestro interior, todos llevamos también energía masculina. Algo con lo que yo la asocio son los aspectos masculinos del juego y la competitividad. También hay otros: aventurarse, lanzarse al vacío. Hablar sin tapujos. Crear a base de cariño y esfuerzo. Centrarse en las mejoras y los objetivos. Proteger y establecer límites. Yo asigno una energía masculina a todo esto, aunque tú puedas tener una idea totalmente distinta al respecto. Pero, por encima de todo, la idea es crear y dar espacio para que la vida florezca.

En tiempos recientes, cuando mi padre ha ascendido a la Pirámide del Sol durante nuestros viajes a Teo, ha descubierto que ya no puede hacerlo igual que cuando era joven, sobre todo después de haber sufrido un ataque cardiaco masivo. En un viaje reciente, tuvo que dar tres pasos y sentarse, tres pasos más y sentarse y así hasta llegar a la cima. Descansó y escuchó a su cuerpo, se quitó de en medio y dejó que la intención fluyera a través de él y le dijera cuándo estaba preparado para dar los siguientes pasos. En vez de disgustarse o exasperarse, fue capaz de aceptar su verdad en esos momentos: que no debería desear que las cosas fueran distintas para él, que no debía anhelar el retorno al pasado, que no debía temer el futuro que tenía por delante, sino ser vida pura en acción aquí y ahora.

Su fe en la vida se manifestó a través de la voz del «aliado», una mente redimida y sanada a base de deshacerse de la domesticación que la distorsionaba y que deviene un instrumento a través del que la persona puede crear con concienciación. Y al verle dejar ir, yo también pude aceptar la verdad. En el comportamiento de mi padre encontré una lección para mi vida. En ese momento, aprendí a dejar de preocuparme acerca de lo que podía ser y a centrarme en el presente a fin de crear mi obra de arte basada en esta verdad. Eso es la libertad. La fe consiste en dedicar la intención a algo sin reparos, como la verdad en acción. Ahora estoy vivo y mientras haya vida todo es posible. Es el Sol alumbrándonos con su luz, quemando la ilusión del pasado y del futuro.

Tu luz particular

Tu existencia en el universo es como un rayo de luz especial procedente del Sol. Al igual que los copos de nieve, los rayos de sol presentan infinidad de variaciones y jamás habrá dos iguales. Buena parte de la domesticación que recibes es un intento de convencerte de que tienes que cambiar tu rayo de luz o disimularlo para que se parezca al de los demás, para que se ajuste al sueño de otros. Después de atravesar la Avenida de los Muertos y deshacerte de los últimos vestigios de tu pasado domesticado en la Pirámide de la Luna, estás listo para encarnar el rayo de sol único que eres.

Al igual que el rayo del sol emana del astro rey, tu vida procede del *nagual* y tú eres el *nagual*. Eres la energía que anima a la vida misma. Ni más ni menos. Ahora que lo sabes, no solo en tu mente sino también por experiencia, puedes reivindicar tu nueva vida y reconectarte con el *nagual* de tu interior. Es posible que de vez en cuando se te presente tu pasado domesticado en forma de reacciones emocionales o viejos hábitos, pero, junto con tus traumas y creencias pasadas, ya no te controlan. Las has desechado y has optado por la libertad personal.

En la tradición tolteca decimos que, igual que el rayo de sol lleva su mensaje del Sol, tú eres un mensajero y tu vida se convierte en tu mensaje. Sin embargo, no confundas esto con intentar convertir a los demás y obligarles a aceptar tu mensaje. Eso no se hace. No creemos en difundir ninguna doctrina en concreto ni en intentar controlar la vida o el viaje de otras personas, sino que intentamos que nuestros actos surjan del pozo profundo del amor incondicional que da vida al universo. El objetivo de este viaje ha sido despejar el camino para que este amor fluya a través de ti. Ahora sin duda tus actos revelan mucho de la vida que has decidido vivir y de las decisiones que has tomado para forjar el mensaje de tu vida.

Como no somos proselitistas, algunas personas entienden que ayudar a los demás no es un elemento del camino tolteca. Pero nada más lejos de la realidad. Para nosotros decir a los demás qué hacer no es «ayudar». En el Sueño del Planeta actual, eso es una trampa de la domesticación, no una oferta de libertad. Ayudamos a los demás permitiendo que nuestros actos sean espejos para ellos en su camino espiritual y apoyando con nuestro poder personal a quienes transitan el difícil camino del guerrero tolteca. Así, vivimos al servicio de los demás poniéndonos al servicio de la vida misma.

Las enseñanzas, charlas e incluso escritos de los guerreros toltecas son prácticas secundarias para ayudar a los demás. El objetivo primordial de la forma como vivimos nuestra vida tiene que ver con lo que posee más potencial para resultar más útil. He observado varias veces cómo esta dinámica en concreto se ponía en práctica entre mi padre y un nuevo aprendiz. Algunas personas que vienen a nuestros talleres o retiros están muy ansiosas por agradar. Quieren validar sus experiencias, saber que lo que hacen vale la pena y es importante.

A veces, la manera de abordarlo es siendo «buenos alumnos» en presencia del «Nagual» y en esa etapa del viaje solo toman al *nagual* por un maestro o guía espiritual. Por supuesto, esto no tiene nada de bueno ni de malo, pero mi padre se da cuenta enseguida de cuándo la gente intenta captar su atención y energía para respaldar los objetivos de sus «seres menores» que su Isla de la Seguridad ha conformado. No obstante, nunca se lo dice a nadie. No hace hincapié en su comportamiento ni habla de ello. Se limita a ignorar las máscaras que han decidido llevar o que llevan por la fuerza de la costumbre. Al comienzo, esta forma de amor incondicional por parte de mi padre puede parecer rechazo, pero no es más que una acción basada en la decisión de no otorgar ningún poder al comportamiento. Y a través de sus actos, las lecciones de mi padre quedan claras rápidamente. Si trabajas para liberarte de la identidad del yo menor, te apoyará y compartirá su amor haciendo caso omiso de las máscaras de ese yo menor.

Enseñar sin palabras

Si bien las palabras que proceden de la intención adecuada pueden resultar útiles a los demás, son herramientas secundarias que solo ayudan realmente cuando concuerdan con nuestros actos. Por ejemplo, es probable que estés familiarizado con la vieja directriz parental «haz lo que digo y no lo que hago». Pero esta petición pocas veces resulta eficaz. Siempre enseñamos a los más jóvenes y a todas las personas con las que entramos en contacto a través de nuestras acciones.

Cuando mis hijos eran pequeños, mi mujer tenía la costumbre de recoger lo que dejaban a su paso y, a la vez, quejarse de que nunca recogían lo que dejaban atrás. En un momento dado, se dio cuenta de que sus palabras y sus actos se contradecían. Podía seguir usando palabras, pero tenía que cambiarlas. Empezó a experimentar para encontrar algo que funcionara. En una ocasión, cuando se encontró con un juguete en el pasillo y los niños estaban cerca, escenificó una caída exagerada y tonta. Su ridícula pantomima provocó las risas de los niños. Acto seguido, pusieron todos los juguetes en el pasillo para que todos los habitantes de la casa fingieran que se caían una y otra vez, lanzando gritos y haciéndose «daño». Al final del juego, quedó claro que había llegado el momento de recoger juntos y eso hicimos. Curiosamente, los niños captaron el mensaje acerca de dejar los juguetes tirados en el pasillo y los recogieron.

A veces, para enseñar no hace falta hablar.

Tengo un amigo que me habló de una mujer del grupo de terapia al que asistía para superar el alcoholismo basada en doce pasos. Durante años, antes de que esta mujer entrara en el grupo, vivió en un barrio en el que había un borracho de todos conocido. El hombre en cuestión vivía solo. Cada semana dejaba montañas de botellas de alcohol en la basura. Las hierbas y plantas de su patio crecían de cualquier manera, tenía persianas rotas en las ventanas roñosas y el coche abollado siempre estaba aparcado medio torcido en el camino de entrada. Todo el mundo sabía que este hombre tenía problemas con el alcohol. No hacía falta decirlo.

Luego, un día, la mujer se dio cuenta de que alguien había cortado el césped, que el coche estaba aparcado recto, que las ventanas estaban limpias y las persianas arregladas. El día de sacar la basura ya no había más botellas de alcohol amontonadas encima de los cubos de la basura desbordados. Día tras día, semana tras semana, el aspecto de la casa y su energía mejoraron. Así fue durante varios años. Entonces el hombre murió. La mujer nunca llegó a hablar con él.

Pero mientras él arreglaba su casa y se enmendaba, aquella mujer iba cayendo en su propio pozo de bebida y adicción. Cuando tocó fondo, preguntó a un vecino qué había hecho el borracho del barrio para retomar el buen camino. La respuesta del vecino fue sencilla: fue a Alcohólicos Anónimos. Era obvio. Había visto la transformación con sus propios ojos. Así pues, la mujer recurrió a AA, donde recibió ayuda, y acabó allí gracias a una persona con la que nunca había hablado ni había llegado a conocer. Ahora lleva diez años sin beber.

El viejo de la casa desvencijada sirvió como mensajero a través de sus actos. Nunca supo lo lejos que llegó su mensaje y el efecto profundo que tuvo en la vida de esta mujer y, por extensión, en todas las personas que están en contacto con ella.

Tu vida es el mensaje

No hace falta que hablemos de las enseñanzas profundas que albergamos en nuestro interior. De hecho, en muchos casos es mejor no hacerlo. Al comienzo de este libro, sugerí que dejaras que mis palabras resuenen en tu mente y en tu corazón, aunque muchas personas quizá no puedan hacerlo. En tales casos, mis palabras pueden incluso convertirse en un obstáculo porque su mente me oirá y de inmediato levantará un muro. Para estas personas es mejor guardar silencio y dejar que los actos hablen.

Al final, nuestros actos son el mensaje más importante que compartimos. Y transmitimos este mensaje recordando que somos los artistas que creamos nuestras obras de arte a través de nuestra forma de vivir. Cuando vives como un guerrero tolteca sabes que, en la maestría de la vida, eres el mensajero y tu vida es el mensaje. Te domesticaron en el pasado, pero ahora puedes elegir.

De hecho, la totalidad del camino tolteca se basa en la capacidad de decisión. Honramos la autonomía del poder personal de cada uno y respetamos sus decisiones para hacer lo que es auténtico para ellos, y les respetamos para que experimenten las consecuencias de tales decisiones. Una consecuencia no es un castigo, tal como algunos pueden pensar durante su domesticación, sino más bien el resultado de una decisión o acción emprendida. En nuestra opinión, la realidad solo se conoce a través de la perspectiva individual, el sueño personal. Y reconocemos que lo único que puedes cambiar es a ti mismo. A algunos puede parecerles egoísta, pero sabiendo la verdad y abrazándola en el sol brillante del amor incondicional, te desprendes de tu vieja identidad y permites que el yo ilimitado, el *nagual*, emerja y actúe a través de ti.

De este modo, cambiar tu perspectiva se convierte en una orientación —un lugar por donde empezar— no una prisión o una obsesión. En cuanto el parásito se transforma en tu aliado y te conviertes en el artista de tu vida, amas y respetas toda la creación. Aquí en la Pirámide del Sol, entras en tu vida en tanto que artista, cocreando de forma consciente el Sueño del Planeta junto con el resto de los seres vivos, pero sabiendo que tú eres la única persona responsable de tu percepción.

¿Cómo se manifiesta esta capacidad creativa? Para algunos significa componer música, coreografiar bailes o crear otras obras de arte. También puede significar trabajar con la naturaleza, explorar la ciencia o crear nuevas tecnologías. Para otros quizá sea la labor de educar a los hijos, llevar una casa o guiar a otros en sus viajes personales. Para la mayoría, será una combinación de varias cosas, pero a través de este proceso, el regalo más poderoso que puedes hacerte a ti y a los demás es desplegar tu amor incondicional en todas las situaciones, sobre todo cuando ese amor propio se tambalea como consecuencia de las voces del *mitote*.

Recuerda: nadie hace todo esto a la perfección. La maestría de la vida consiste en reconocer cuándo ha aparecido el miedo y decidir retornar al amor. Este trabajo interior a veces encaja con el activismo concienzudo a favor de ciertas causas. Tal como enseñó Martin Luther King Jr.: «Solo a través de la transformación espiritual interior conseguimos la fuerza para luchar con vehemencia contra los males del mundo con espíritu humilde y amoroso».

Independientemente de lo que decidas hacer, tu rayo de sol actuará y soñará a su manera. Depende de ti. Es tu creación, tu obra de arte. Ahora ve a conquistar la muerte retornando a la vida.

Conclusión

El final del trayecto

Así es como llegamos a la cúspide final de la última pirámide de nuestro viaje simbólico por Teotihuacán.

Puedes leer un libro, hacer un taller o viajar a un recinto sagrado. Y todo ello puede servirte, pero no es lo mismo que hacer el trabajo en sí. La verdadera labor no es lo que aprendes de este libro o en una clase o en lo alto de una pirámide. El verdadero trabajo empieza cuando vives tu vida y aplicas las enseñanzas aprendidas. No verás el impacto de tu viaje desde el interior de tu cabeza, sino que lo verás a base de probar, fallar, aprender y volverlo a intentar.

Lo que espero haberte ofrecido en las páginas de este libro es lo mismo que espero impartir a los aprendices que pasan por las ceremonias sagradas en Teo. En este lugar, te permites tomar nuevas decisiones, como sanar una vieja herida, por ejemplo. Llegas a la decisión que brilla ante ti, como un sol. Puedes seguir creyendo en tu vieja ilusión, o puedes trabajar para convertir tu vida en otra cosa. Este trabajo no se materializará en las plazas y templos sagrados de Teo sino en los espacios sagrados con los que interactúas todos los días: tu cuerpo, tu mente, tu hogar, tu corazón, tus relaciones, tu familia, tu trabajo y tus gozos.

Te has dado permiso para tomar esta decisión. Sea como sea, depende de ti.

Mi objetivo al contarte estas historias, al darte esta perspectiva de mi propia vida, las reflexiones procedentes de mi interior, es compartir contigo que puede hacerse, que el cambio es posible, que el temor no tiene por qué controlarte, y que puedes crear tu obra maestra de vida. Cuando aplicas el viaje a tu propia vida, cuando utilizas las lecciones para sanarte, solo puede proceder de ti.

A menudo describo un viaje personal como algo similar al camino que lleva a convertirse en padre o madre. Las madres y padres primerizos reciben un alud de normas, consejos e información acerca de qué hacer y qué no hacer con sus hijos. Pero esta información suele ser contradictoria y abrumadora, y a menudo tiene poca utilidad para sus circunstancias específicas. Pero, con el paso del tiempo, empiezan a confiar en ellos mismos. Saben qué funciona y qué no. Aprenden qué consejos fueron nefastos para ellos y su hijo, aunque a otros puedan haberles funcionado. La espiritualidad y, de hecho, cualquier tipo de trabajo personal, funciona igual. No lo sabes hasta que lo haces.

Al final de este viaje quizá te des cuenta de que deseas realizar cambios profundos en tu vida. O quizá no. Tal vez tu vida no parezca tan distinta a los demás. No hace falta que cambies de profesión, que dejes amistades o que pongas fin a ciertas relaciones. Quizá sigas haciendo todo lo que hacías antes. Y, sin embargo, a través de la maestría de la vida, eres totalmente distinto. Ya no estás atrapado en un ciclo interminable de miedo psicológico. Ya no estás atado a este mundo o a ninguna identidad de este. Eres el artista de tu vida, creando, experimentando y reflejando la belleza de la vida misma.

La maestría de la vida es un viaje de transformación, no de trascendencia. No vas a existir en una frecuencia espiritual más elevada, flotando por encima de los demás con una concienciación o gracia superiores. Esa es una historia fabricada por el ego. El viaje suele consistir en desaprender. Cuando desaprendes tus patrones anteriores, te das cuenta de que el *nagual* de tu interior, tu rayo de sol particular, no necesitaba mejoras. No necesitaba crecer. El *nagual* está siempre aquí, ahora, dispuesto a conectar contigo, a recordarte que eres perfecto ahora en el presente.

Puedes soñar y jugar; puedes fluir. Puedes aceptar y dar amor incondicional. Puedes ofrecer tu vida al servicio de la vida misma.

Así pues, ¿qué vas a hacer?

Agradecimientos

Quiero honrar a mi familia, la fuente de amor, gozo y compasión en mi vida. Gracias por todos los momentos que hemos pasado compartiendo y disfrutando juntos de la vida. ¡Os quiero muchísimo!

Deseo honrar y dar las gracias a Randy Davila, mi editor/hermano de tinta y su equipo de Hierophant Publishing. Gracias por brindarme la oportunidad de continuar compartiendo la tradición de mi familia a través de este nuevo libro. Me conmueve ver lo que hemos creado juntos y lo que está por llegar. ¡Gracias, Carnal! ¡Te quiero!

Quiero honrar y dar las gracias a mi querida amiga Kristie Macris que me ayudó a encontrar mi voz y me guio por el *mitote* de mis primeros borradores. Eres mi maestra. ¡Te amo!

Quiero honrar y dar las gracias a mi hermana de tinta Heather-Ash Amara. ¡Choca esos cinco! Me alegra sobremanera que sigamos creando juntos durante los años venideros. ¡Te quiero!

Quiero honrar a mis aprendices por haberme dado el tiempo y el espacio para compartir estas enseñanzas con ellos. Gracias a Kirk, Misty, Greg, Lily, Vanessa, Tara, Paul, Mark, Jess, Roxanne y Leslie y en memoria de Heather Lorah, ¡abrazos fuertes con todo mi amor!

A mis maestros, Don Miguel Ruiz, Don José Ruiz y Madre Sarita. ¡Los quiero!

Gracias a Dios.